KB260282

유비쿼터스가 이런 거구나

정균승 지음

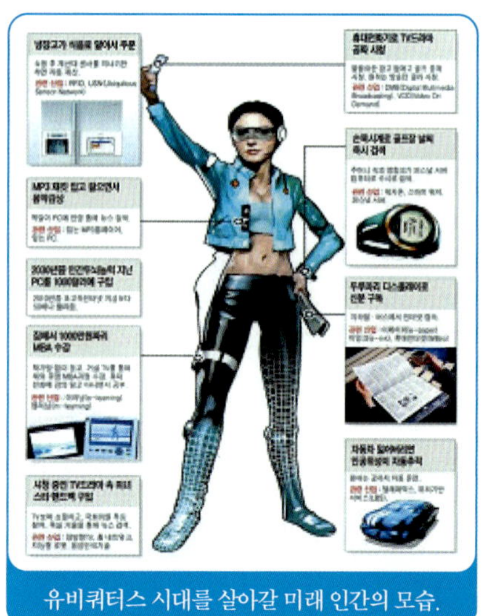

유비쿼터스 시대를 살아갈 미래 인간의 모습.

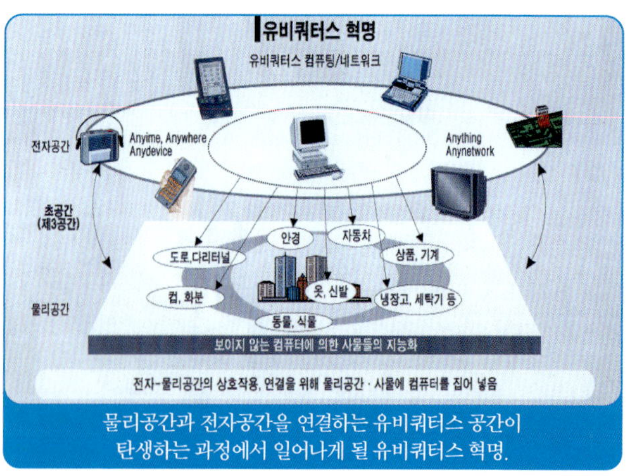

물리공간과 전자공간을 연결하는 유비쿼터스 공간이 탄생하는 과정에서 일어나게 될 유비쿼터스 혁명.

사진 3

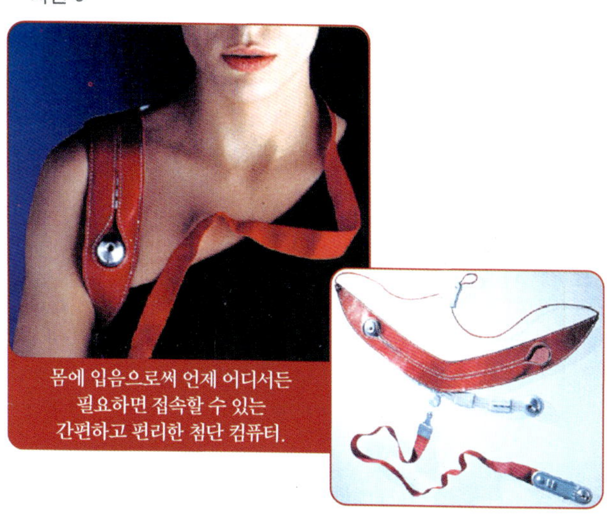

몸에 입음으로써 언제 어디서든
필요하면 접속할 수 있는
간편하고 편리한 첨단 컴퓨터.

사진 4

언제 어디서나
각종 정보기기를
통해서
접속할 수 있는
유비쿼터스 환경.

사진 5

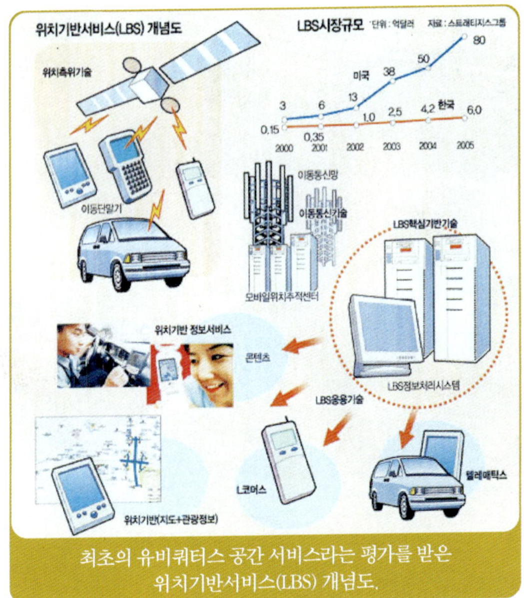

최초의 유비쿼터스 공간 서비스라는 평가를 받은
위치기반서비스(LBS) 개념도.

사진 6

도처의 컴퓨터가 인간이 할 일을 대신하는 유비쿼터스 공간.

사진 7

휴대전화, 전용 단말기, 자동차용 텔레매틱스를 통해
텔레비전이 없어도 방송을 볼 수 있는
디지털 멀티미디어 방송(DMB).

사진 8

드라마에 나온 '키트' 같은 미래형 자동차로, 다양한 센서 및
각종 칩 등이 내장되어 있는 텔레매틱스가 장착된 사무형 자동차.

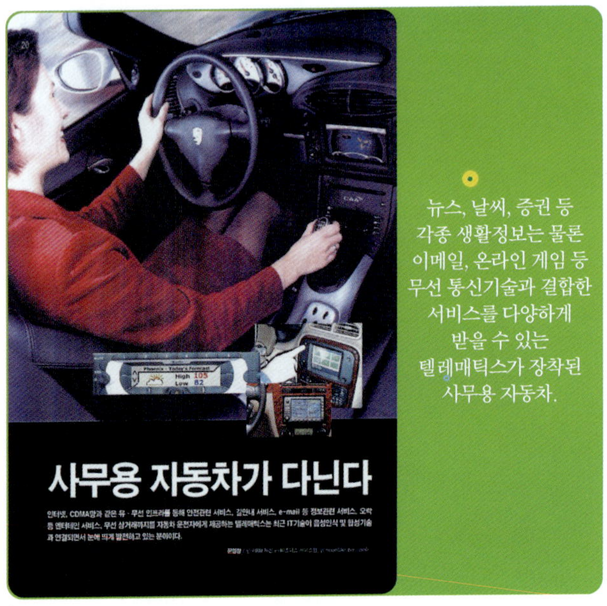

뉴스, 날씨, 증권 등 각종 생활정보는 물론 이메일, 온라인 게임 등 무선 통신기술과 결합한 서비스를 다양하게 받을 수 있는 텔레매틱스가 장착된 사무용 자동차.

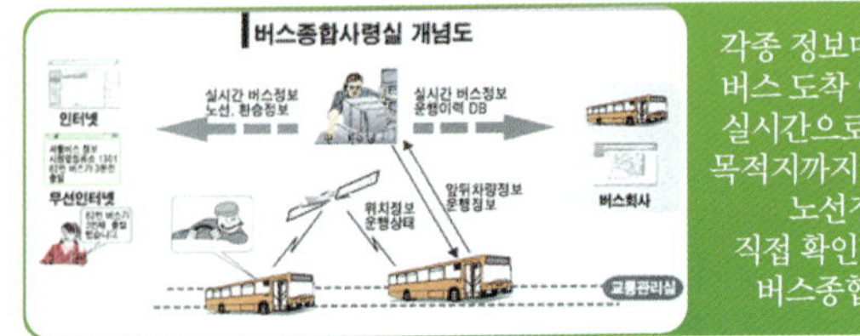

각종 정보매체를 통해 버스 도착 예정시간을 실시간으로 제공하고, 목적지까지 소요시간과 노선정보를 직접 확인할 수 있는 버스종합사령실.

전자회사 이화정씨는 이렇게 출근한다

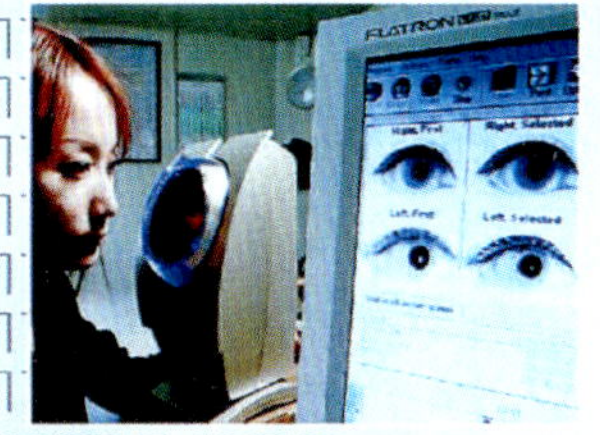

#홍채를 등록합니다 – 5초 만에 뚝딱

"(홍채)등록을 시작합니다 – 앞으로 다가서주십시오– 등록되었습니다."
지난달 28일 오후 서울 우면동에 위치한 LG전자기술원. 최근 입사한
이화정(24)씨가 중요 보안시설인 기술원 내 각 사무실 출입을 위해
경비실 홍채등록기에 자신의 홍채를 등록하고 있다. 홍채를 등록하는데
걸린 시간은 약 5초. 등록된 홍채의 모습이 컴퓨터모니터에 나타난다.

#눈을 대십시오–1초 만에 딸깍

이씨의 홍채가 등록되는 순간 홍채정보는 5백12바이트 크기의 디지털
데이터로 전환돼 중앙컴퓨터와 기술원 각층 출입구에 설치된 홍채
인식기에 실시간으로 전달, 입.출입이 가능해 진다. 홍채를 등록한
이씨가 기술원 1층 입구의 홍채인식기에 눈을 대자 '딸깍'소리를 내며
문이 열린다. 인식기가 이씨의 홍채정보를 인식해 문이 열리는데 걸린
시간은 약 1초.

#문이 열렸습니다 – 눈 깜짝할 새

홍채에는 빗살 또는 동심원 모양의 많은 선들이 있는데 이것이 우리 눈에서
조리개 역할을 하는 조임근이다. 이 조임근의 유형을 분석해 신원을 확인하는
방법이 홍채인식이다. 과학계는 홍채 패턴은 유전적인 영향을 받지 않아 일란성
쌍둥이라도 완전히 다르다고 본다. 홍채인식은 살아 있는 눈에만 효과가 있다.
따라서 영화 '마이너리티 리포트'에서 주인공 톰 크루즈가 시신경이 끊어진
자신의 과거 안구로 문을 여는 것은 영화에서나 가능한 일이다.

사진 12

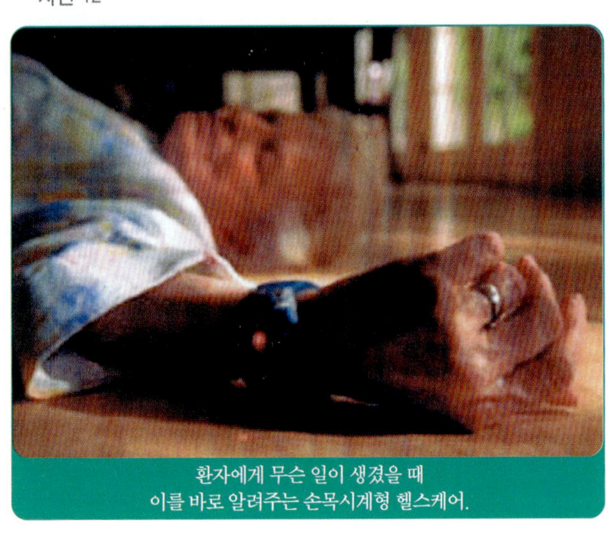

환자에게 무슨 일이 생겼을 때
이를 바로 알려주는 손목시계형 헬스케어.

사진 13

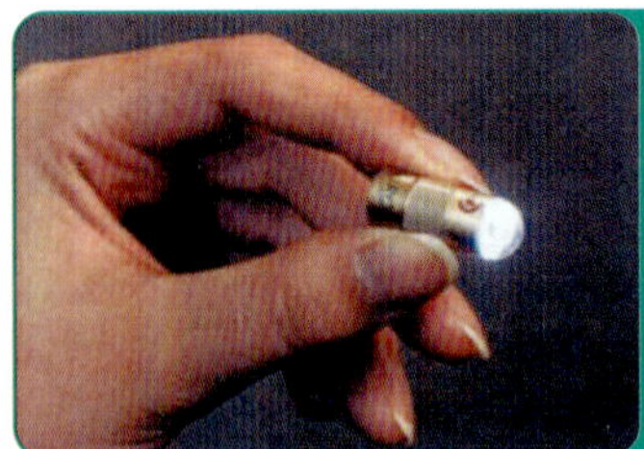

센서와 광물질이 부착된
알약형 내시경.

AHA
아하!
유비쿼터스가
이런 거구나

아하! ^{AHA}

유비쿼터스가 이런 거구나

정균승 지음

중앙경제평론사

중앙경제평론사
중앙생활사

Joongang Economy Publishing Co. / Joongang Life Publishing Co.

중앙경제평론사는 앞서가는 오늘, 보다 나은 내일이라는 신념 아래 설립된 경제 · 경영 전문 출판사로서
성공을 꿈꾸는 직장인, 경영인에게 전문지식과 자기계발의 지혜를 주는 책을 발간하고 있습니다.

아하! 유비쿼터스가 이런 거구나

초판 1쇄 인쇄 | 2006년 3월 6일
초판 1쇄 발행 | 2006년 3월 9일

지은이 | 정균승(Kyunsung Chong)
펴낸이 | 최점옥(Jeomog Choi)
펴낸곳 | 중앙경제평론사(Joongang Economy Publishing Co.)

대　표 | 김용주
편　집 | 한옥수 · 최진호
디자인 | 박근영 · 유문형
마케팅 | 임교택
인터넷 | 김회승

잘못된 책은 바꾸어 드립니다.
가격은 표지 뒷면에 있습니다.

ISBN 89-88486-89-7(04320)
ISBN 89-88486-78-1(세트)

등록 | 1991년 4월 10일 제2-1153호　주소 | ㈜ 100-430 서울시 중구 흥인동 3-4 우일타운 707 · 708호
전화 | (02)2253-4463(代)　팩스 | (02)2253-7988
홈페이지 | www.japub.co.kr 이메일 | japub@unitel.co.kr | japub21@empal.com
♣ 중앙경제평론사는 중앙생활사와 자매회사입니다.

▶홈페이지에서 구입하시면 많은 혜택이 있습니다.

※ 이 도서의 **국립중앙도서관 출판시도서목록(CIP)**은 e-CIP 홈페이지(www.nl.go.kr/cip.php)
에서 이용하실 수 있습니다.(CIP제어번호: CIP2006000307)

머리말

Preface

요즘 신문이나 방송을 보면 '유비쿼터스'라는 단어가 심심치 않게 나온다. 몇 년 전만 해도 생소한 용어인 데다가 나와 별로 상관이 없을 것 같아 관심을 두지 않던 유비쿼터스가 이제는 제법 많은 사람들의 시선을 끌어 모으고 있다.

하지만 아직도 상당수 사람들에게 유비쿼터스는 먼 미래의 세상이거나 남의 이야기인 것처럼 받아들여지고 있다. 더욱이 전문가들은 입만 열었다 하면 앞으로는 유비쿼터스를 알아야 한다고 외쳐대고, 매스컴에서는 시도 때도 없이 유비쿼터스 관련 보도와 광고를 봇물처럼 쏟아내고 있지만, 정작 보통 사람이 유비쿼터스에 대해 좀더 쉽고 친근하게 접근할 만한 정보나 책을 만나기가 여간 어려운 것이 아니다.

그러나 유비쿼터스는 먼 미래에 올지도 모를 세상이 아

니라 이미 시작된 현실이다. 또한 남의 이야기가 아니라 우리 이야기이며 바로 내 이야기이기도 하다. 유비쿼터스는 어느새 우리 생활과 떼려야 뗄 수 없는 관계를 맺고 있다. 휴대전화로 인터넷에 접속해본 사람이라면, 자동차 안에서 교통상황에 대한 정보를 얻은 경험이 있는 사람이라면, 그는 이미 유비쿼터스 환경에서 살아가고 있는 것이다.

유비쿼터스는 지금 살고 있는 현재뿐만 아니라 앞으로 우리가 살아갈 미래의 '사회적 공기' 같은 존재다. 따라서 유비쿼터스에 대해 기본적인 지식을 알고 살아가는 것은, 우리 앞에 펼쳐질 미래가 어떤 모습일지 이해하고, 그 속에서 좀더 행복한 미래를 위해 자신이 무엇을 준비해야 할지 그 방향과 전략을 세우기 위해서도 꼭 필요하다.

그런 의미에서 오히려 비전문가의 눈높이에서 유비쿼터스에 대해 이야기하고 싶은 마음에서 이 책을 쓰게 되었다. 어렵고 생소한 전문용어가 난무하는 세상에서 보통 사람에게 유비쿼터스란 '가까이 하기엔 너무 먼' 세상의 이야기다. 게다가 어떤 특수한 계층의 사람들이나 향유할 수 있는 문화라고 단정해버린 나머지, 그 실체적 진실에 접근하려는 생각조차 하지 못하게 되면, 그에 따른 후유

증은 결국 고스란히 개인과 사회 전체에 돌아갈 것이다.

따라서 이 책은 이미 시작된 유비쿼터스 시대를 맞이하여 유비쿼터스에 관한 유익한 정보와 지식을 누구나 알기 쉽게 나누고 공유할 목적으로 썼다. 또한 유비쿼터스의 실체는 어떤 특정 계층이나 전문가 집단만이 누릴 수 있는 성격의 것이 아니라 오늘날을 살아가는 사람이라면 누구나 호흡하지 않으면 안 되는 21세기의 산소 같은 존재임을 알리기 위해서 썼다.

그렇기 때문에 이 책에서는 될 수 있는 대로 공학적이고 기술적인 용어나 개념은 소개하지 않고 일반적으로 널리 통용될 만한 이야기를 중심으로 구성했다. 따라서 이 책이 유비쿼터스를 이해하는 데 입문서이자 개론서 구실을 다할 수만 있다면 그 이상 바랄 것이 없다. 아울러 나의 천학비재, 특히 정보통신 분야에 대한 지식이 얕기 때문에 부족한 부분에 대해서는 독자들의 따끔한 충고와 조언을 귀담아 들을 준비가 되어 있다.

미룡동 연구실에서

정균승

차 례
Contents

2015년 나의 하루

2015년 나의 하루

아침 7시, 간밤에 유비쿼터스 시대의 마케팅 동향에 관한 자료를 찾느라 늦은 시간까지 인터넷을 검색하다 잠든 나는 "일어날 시간입니다"라고 말하는 알람 도우미의 목소리를 듣고 눈을 뜬다. 커튼이 자동으로 열리면서 환한 아침 햇살이 침실로 쏟아져 들어온다.

침대에 있는 센서는 내가 잠자는 동안 체온, 맥박, 혈압 등 모든 신체 건강지수를 체크해 주치의가 소속된 병원의 컴퓨터로 자동 입력한다. 잠시 후 병원에서 "당신의 오늘 건강상태는 정상입니다"라는 메시지가 날아온다.

세수하러 욕실에 들어서자 '요술거울'이라고 부르는 디지털 거울에서는 밤사이 있었던 주요 뉴스가 뜨고 면도

하는 사이에 몸무게와 지방지수를 체크해 거울 위에 수치를 표시해준다.

냉장고 스크린에 뜬 칼로리 양을 감안해 간단한 아침식사를 마치고 출근길에 오른다. 이미 도로는 출근시간에 몰려든 차들로 혼잡하다. 그러나 별로 걱정할 일은 아니다. 텔레매틱스 기능이 잘 갖춰져 있는 내 차는 지능형 교통시스템을 이용하여 현재 가장 막히지 않는 도로 정보를 제공해준다. 차 안의 무선 인터넷에 접속하자 밤사이 뉴욕 증시 소식이 뜬다. 주식투자를 하느라 주식 관련 뉴스만 선별해서 입력해놓았기 때문에 뉴스도 골라서 볼 수 있다.

정체 구간을 피해 조금 일찍 회사에 도착한 나는 현관 출입문에 있는 홍채 인식기 앞에 선다. 센서는 1초 만에 직원임을 확인하고 '딸깍' 소리를 내며 문을 열어준다. 벌써 출근해 있는 팀원들과 반갑게 인사를 나누고 자리에 앉는다. 의자는 내 체형에 맞게 최적의 상태로 조절된다.

내가 의자에 앉았음을 감지한 책상 위의 컴퓨터가 자동으로 켜진다. 오늘의 주요 스케줄이 시간대별로 화면에 뜬다. 오전 10시에 화상회의를 마친 팀원들이 하나둘씩 볼일을 보러 나가고 사무실에는 나 혼자 남아 있다. 잠시 후 거래처 사장과 약속이 있어 자리에서 일어난다. 사무실의 컴퓨터와 전등이 자동으로 꺼진다.

고객과 이야기가 길어져 점심식사를 함께하기로 한다. 모바일 단말기로 인근의 식당 가운데 먹을 만한 집이 어디인지 알아본다. 바로 근처에 맛 좋기로 소문난 칼국수집이 있다고 추천해준다. 식사를 마치고 다시 회사로 들어와 일하다가 퇴근시간에 맞춰 사무실을 나선다. 주차장에 있던 자동차는 이미 시동이 켜진 채 쾌적한 실내온도를 유지하고 주인을 맞을 채비를 갖추고 있다.

차에 타서 저녁 식단을 어떻게 짤 것인지 궁리한다. 텔레매틱스에서 오늘 저녁식사 메뉴로는 생선찌개와 잡곡밥이 좋겠다고 추천해준다. 집 안의 냉장고와 연결하자 어떤 재료들이 필요한지 체크해서 가까운 식품가게에 주문한다. 아마 집에 도착할 때쯤이면 생선이랑 채소가 배달되어 있을 것이다.

아파트에 도착해 "응, 나야"라고 말하자 주인의 음성을 인식한 현관문이 자동으로 열린다. 점심때 칼국수를 먹어서인지 시장기가 돈다. 잰걸음으로 냉장고 앞에 다가서자 냉장고 스크린에 생선찌개를 얼큰하게 요리하는 방법이 자세히 나타난다. 보글보글 맛있게 끓은 찌개와 함께 먹는 잡곡밥이 꿀맛처럼 느껴진다.

식사를 마치고 거실 소파에 눕는다. 물론 소파에도 칩이 내장되어 있어서 현재의 몸 상태가 체크된다. 저녁을 다소 과식했다 싶었더니 아니나 다를까 "체중이 정상보다 약간 더 나간다"는 메시지가 뜬다. 디지털 텔레비전을 켜자 조금 전에 친구에게서 이메일이 도착했다는 음성 서비스가 나온다.

이메일을 확인하고 친구와 연결해 곧바로 화상통화를 한다. "저녁에 시간 있으면 시원한 맥주나 한잔하자"는 제안이다. "오늘은 피곤하니 다음에 만나자"고 웃으면서 말한다. 친구의 실망하는 표정이 화면에 그대로 드러난다.

고단해서 얼른 샤워를 마치고 평소보다 일찍 잠자리에 든다. 침실에는 벽걸이용 텔레비전(PDP)이 걸려 있어 편안히 누워서 휴식을 취하며 텔레비전을 볼 수 있다. 알람 도우미에게 "내일 아침 6시 30분에 깨워줘"라고 말하자, 홈 서버를 통해 침실의 커튼이 자동으로 처지고 집 안의 모든 불이 꺼지면서 침대의 센서가 최적의 수면조건을 만들기 시작한다. 오늘 하루 일과를 무사히 마쳤다는 안도감에 편안한 마음으로 잠든다(사진 1 참조).

1장

달라지는 세상

달라지는 세상

말의 발걸이가 세상을 바꾸다

말을 타는 데 필요한 장비에는 어떤 것들이 있을까? 먼저 말에 올라타려면 안장과 등자(발걸이) 그리고 그와 관련된 장비들이 필요하다. 다음으로는 말을 부리기 위해 재갈, 고삐, 굴레 등이 있어야 한다. 그밖에도 말을 치장하는 각종 장식용 도구들도 필요하다.

그런데 말을 달리게 하는 데 필요한 이들 도구 중에서 역사를 완전히 뒤바꿔놓을 만큼 중요한 일을 한 것이 있다. 그것은 다름 아닌 등자다. 말의 발걸이가 새로운 역사의 지평선을 여는 출발선이 되었던 것이다.

이야기의 줄거리는 대략 이렇다. 로마제국이 멸망한 뒤 유럽의 패권을 놓고 여러 나라가 치열하게 각축전을 벌였다. 그 와중에서 게르만 족이 세운 프랑크왕국의 우두머리였던 샤를 마르텔은 기마민족인 훈족의 영향을 받아 등자를 고안해냈다. 이 등자를 이용하면서부터 전투할 때 말에서 떨어지는 일이 없게 되었을 뿐만 아니라 두 발에 힘을 실어 창으로 적을 힘껏 찌를 수 있게 되었다. 이때부터 샤를 마르텔은 전투를 벌일 때마다 승리를 거두었다.

등자의 발명은 전투력을 강화시키는 정도에 그치지 않고 군사전략 자체를 바꾸어버렸다. 등자의 등장으로 말을 탄 기병들은 전투에서 없어서는 안 되는 핵심전력으로 급부상했다. 기병세력은 나중에 기사계급으로 발전하여 유럽의 정치·경제·사회·문화를 송두리째 바꿔놓는 중심에 섰다.

로마제국이 붕괴된 이후 무주공산 같은 세상에서 힘이 있는 세력이 대장 노릇을 했기 때문에 힘이 없는 농민들은 자연히 지방의 영주에게 땅을 바치는 대신 자신의 생명과 재산을 보호받고자 했다. 영주는 농민들에게 그 땅을 경작하게 하고 거기서 나오는 곡식을 세금으로 받은 다음, 땅과 농민을 지키기 위해 그 밑에 직업군인인 '기사' 들을 고용했다.

그러나 몇 명의 기사만으로는 큰 적을 맞아 싸울 여력이 없었으므로 작은 영주는 큰 영주를 찾아가 충성을 맹세하고 보호를 받았다. 이런 식으로 해서 농민-기사-영주-대영주가 서로 충성과 세금 그리고 생명과 재산 보호를 약속하는 새로운 질서가 탄생했는데, 이것이 바로 '봉건제도' 다.

봉건제도의 핵심은 역시 기사들이었다. 이들은 직접 논과 밭에 나가 일을 하는 것이 아니라 유사시에만 농민들을 대신하여 전투에 참가했고, 평상시에는 파티를 즐기며 귀족문화를 선도했다. 기사계급에 따라 공작-후작-백작-자작-남작으로 내려가는 소위 '오작' 중심의 이러한 귀족문화는 중세유럽의 '르네상스' 시대를 여는 발원지가 되었다.

이렇게 하여 한낱 말의 발걸이에 지나지 않던 등자는 유럽의 역사를 바꾸는 획기적인 발명품으로 평가받게 되었다. 등자같이 시장이나 세상 판도를 바꿀 만한 획기적인 기술 또는 제품을 가리켜 '킬러 애플리케이션(Killer Application)' 이라고 한다.

애칭으로 '킬러 앱(Killer App)' 이라고 부르기도 하는

킬러 애플리케이션에 해당하는 대표적인 발명품들로는
금속활자, 증기기관, 자동차, 전화, 아스팔트, 원자탄 등
이 있다. 특히 자동차나 전화 같은 킬러 앱은 세상에 등장
한 지 얼마 되지 않아 경쟁상품을 몰아내고 단숨에 시장
을 석권하는 위력을 발휘했다.

미래에는 무엇이 세상을 바꿀까

등자가 중세 봉건사회를 탄생시킨 킬러 앱이었다면 오
늘날 산업사회를 밀어내고 정보사회를 탄생시킨 킬러 앱
에 해당하는 것이 컴퓨터와 인터넷이다. 컴퓨터와 인터넷
이 킬러 앱이 되는 이유를 『킬러 애플리케이션─시장을
지배하는 디지털 전략』이란 책에서 저자인 래리 다운즈
와 춘카 무이는 '무어의 법칙(Moore's Law)' 과 '메칼프
의 법칙(Metcalfe's Law)' 을 가지고 설명한다.

첫째, 무어의 법칙은 "컴퓨터 마이크로 칩의 성능은 18
개월마다 두 배로 증가한다" 는 것으로, 컴퓨터의 처리능
력과 관련된 법칙이다. 1965년에 처음 제기된 이 법칙은
지난 40년 동안 거의 정확하게 들어맞았다. 그 과정에서

정보처리 비용은 과거의 1백만분의 1 수준으로 떨어져 디지털시대에 컴퓨터가 킬러 앱으로써 대중적으로 보급되게 된 이유를 설명하기에 매우 적절한 구실을 했다.

둘째, 메칼프의 법칙은 "네트워크의 가치는 사용자 수의 제곱에 비례한다"는 것으로, 네트워크와 관련된 법칙이다. 전화를 예로 들어 네트워크의 가치를 설명해보자. 전화에서 중요한 것은 자신이 전화를 가지고 있느냐 없느냐가 아니다. 자신의 전화가 얼마나 가치가 있느냐는, 다른 사람들이 전화를 얼마나 많이 가지고 있으며 얼마나 쉽게 그들과 연결할 수 있느냐에 달려 있다. 이때 한두 대 정도의 전화기는 별 쓸모가 없지만, 수백만 대 이상의 전화기를 통해 광대한 네트워크가 형성되면 엄청난 힘을 발휘할 수 있다.

이처럼 어떤 네트워크의 파워는 사용자 수가 점점 늘어남에 따라 기하급수적으로 증가하는 특성이 있기 때문에, 사용자 수가 일단 충분한 수량에 도달하면 그 가치는 폭발적으로 증가하게 된다. 오늘날 인터넷이 그 위력을 여실히 증명하고 있다. 인터넷은 킬러 앱으로서 컴퓨터 네트워크 망이 확대될수록 더욱 많은 사람과 기업을 네트워크에 접속하게 하여 하나의 거대한 세상을 창출해내는 중

추적인 역할을 하고 있다.

디지털 사회는 무어의 법칙과 메칼프의 법칙에 기반을 둔 컴퓨터와 인터넷이 킬러 앱으로 작용하는 사회다. 미래는 인터넷 시계에 따라 돌아가는 세상이 될 것이다. 그 과정에서 킬러 앱은 경제에 존재하는 게임의 법칙을 송두리째 바꿔 기존의 모든 비즈니스 모델을 새로운 양식으로 바꿀 것이다.

컴퓨터와 인터넷은 잠시도 쉬지 않고 끊임없이 진화를 거듭할 것이다. 이제 인류는 바야흐로 '단절의 장벽'을 넘어 '소통의 평원'으로 질주하고 있다. 컴퓨터와 인터넷을 통하여 사람과 사물과 환경이 거대한 하나의 네트워크를 이루어가는 세상에서 접속하지 않는다는 것은, 과장해서 표현하면 마치 생명의 줄을 떼어놓고 살아가는 것이나 다름없다고 할 수 있다.

이제 말등에서 인터넷으로 옮겨 타야 할 때가 왔다. 등자가 킬러 앱이 되어 중세를 호령했다면, 오늘날은 컴퓨터와 인터넷이 킬러 앱이 되어 세상을 호령하는 시대다. 이 달라진 세상의 핵심 코드를 무시하고 살아가는 사람들은 언젠가 무대 뒤편으로 사라진 채 사람들의 기억에서 점점 멀어질지 모른다.

그렇다면 10년 후인 2015년쯤에는 과연 무엇이 킬러 앱이 되어 있을까? 그때도 역시 지금과 같이 컴퓨터와 인터넷이 킬러 앱으로 군림하고 있을까? 지금 세상이 돌아가는 추이로 보면 그렇지는 않을 것 같다. 이미 세상은 또 다른 킬러 앱의 출현을 애타게 기다리고 있고 그 구체적인 윤곽이 서서히 드러나고 있기 때문이다.

어쩌면 과거 그 어느 때보다 드라마틱하게 세상을 바꿀 21세기 새로운 킬러 앱의 영광은 유비쿼터스에게 돌아가게 될 가능성이 크다. 우리가 유비쿼터스에 특별히 관심을 집중해야 할 이유가 바로 여기에 있다.

패러다임의 대전환

오늘날 서구 민주주의 사상은 개인주의의 토양에 뿌리를 내리고 있다. 그리고 개인주의의 등장에 정신적 발아 역할을 한 것은, "나는 생각한다. 고로 나는 존재한다(Cogito Ergo Sum)"라고 말한 데카르트다.

근대철학의 아버지로 불리는 데카르트(1596~1650)가 태어난 16세기는 엄청난 격변의 시대였다. 당시 사람들은 세상이 통째로 뒤집어지는 미증유의 변화 앞에서 어찌할 줄을 몰랐다. 우선 지구가 우주의 중심이라고 굳게 믿었던 '천동설'의 신앙이 무너지고, 반대로 지구가 태양을 돈다는 '지동설'이 등장하여 엄청난 가치관의 혼란을 겪어야 했다. 그런가 하면 마젤란이 세계를 일주한 뒤부터 '저 바다 끝은 낭떠러지고 지구는 편평하다'는 믿음이 완전히 깨졌다. 그 대신 '지구는 둥글다'는 것이 입증되면서 세상에 대한 사람들의 믿음은 뿌리째 흔들렸다.

게다가 때마침 일어난 종교개혁으로 당시 유럽을 지배하던 가톨릭의 절대적 권위가 붕괴되면서 기독교 전체가 가톨릭과 개신교로 양분되자, '도대체 세상에서 믿을 게 뭐냐'는 회의가 16~17세기 지식인들 사이에 급속히 퍼져 나갔다.

데카르트는 "세상의 믿음이 다 무너졌는데 도대체 영원히 변하지 않는 진리는 무엇이란 말인가?" 하고 고민에 고민을 거듭했다. 그 번민의 결과로 데카르트는 "내가 여기 앉아서 생각하기 때문에 모든 것이 존재한다는 사실만 변하지 않는다"고 결론을 내렸다.

"나는 생각한다. 고로 나는 존재한다."

너무나 유명한 데카르트의 이 명언은 모든 것이 신의

뜻에 따라 움직인다는 구질서와 과거의 가치관에서 벗어
나 나(Ego) 중심의 가치관이 태동하는 중요한 전기를 마
련했다. 그리하여 데카르트는 근대 철학의 새 지평을 열
었을 뿐만 아니라 인류의 사고 흐름을 변화시킨 중요한
인물로 평가받고 있다.

데카르트의 사상은 17~18세기에 걸쳐 뉴턴을 비롯한
여러 천재들이 이룬 놀라운 과학적 진보에 정신적 밑거름
이 되었다. 또한 의학이나 경제학 등 다른 학문의 발전에
도 지대한 영향을 미쳐 마침내 산업사회가 태동하게 하는
산파 구실을 했다.

17세기에 데카르트가 인류의 가치 변화에 크게 영향을

미쳤다면, 21세기를 살아가는 인류에게 또 한 차례 가치 혁명을 주도할 주인공은 우리에게 이렇게 외칠지 모른다.

"나는 언제 어디서나 접속한다. 고로 나는 언제 어디서나 존재한다."

이는 유비쿼터스를 두고 하는 말이다. 이 말이 과연 앞으로 100년 후를 살아갈 22세기의 인류에게도 여전히 유효할지 현재로선 어느 누구도 알 수 없다. 그러나 지금 우리가 정말 과거와 완전히 다른 새로운 세상을 살아가야 하는 것만은 분명하다. 그 속내를 이해해야 하는 까닭은 거기가 바로 우리가 숨쉬며 살아가야 할 무대이자 공간이기 때문이다. 그러므로 새로운 주인공이 탄생하기까지 역사적 발자취를 더듬어가 보면 다가올 미래를 예측할 수 있는 중요한 단서를 찾을 수 있을 것이다.

마라톤에서 빛의 속도로

지금부터 2,500년 전에 그리스와 페르시아가 전쟁을 벌였다. 당시 그리스는 도시국가인 아테네와 스파르타로 나뉘어 있었다. 페르시아 원정군이 아테네에 밀어닥치자,

엄청난 대군을 당해낼 재간이 없었던 아테네는 스파르타에 도움을 요청하기로 하고, 당시 올림피아 경기의 달리기 선수였던 필리피데스를 사자로 파견했다.

그러나 필리피데스는 "스파르타가 어쩔 수 없는 사정 때문에 출병할 수 없다"는 절망적인 소식을 가지고 돌아왔다. 아테네는 할 수 없이 지략이 뛰어난 밀티아데스 장군에게 페르시아 대군과 대적하게 했다.

양군은 아테네 동북방 42km 지점에서 대치했다. 그곳은 마라톤 평원이라고 부르는 벌판이었고, 거기서 역사적인 마라톤 전투가 시작되었다. 이 전투에서 그리스는 교묘한 유인 전술로 10배나 되는 페르시아군을 궤멸시켰다.

　이 기쁜 승리 소식을 전하기 위해 이번에도 필리피데스가 전령으로 임명되었다. 그는 마라톤 평원에서 42km를 단숨에 달려 아테네 시민 수만 명이 기다리고 있는 광장에 도착했다. 그러고는 가쁜 숨을 몰아쉬며 "기뻐하라. 우리가 이겼다"는 승전보를 전하고 그 자리에 쓰러져 그만 숨을 거두고 말았다. 이것이 유명한 마라톤의 유래다.

　정보를 전달하기 위하여 목숨까지 걸어야 했던 2,500년 전에 비해 오늘날 인류는 컴퓨터와 인터넷을 이용해 빛의 속도로 필요한 모든 정보를 주고받는다. 컴퓨터는 데스크톱에서 노트북을 거쳐 모바일로 변신하더니, 이제는 아예 사람 몸 안에 '심어지는' 단계로까지 진화했다.

　머지않아 현실로 다가올 새로운 세계에서는 모든 정보가 시간과 장소의 제약에서 완전히 해방되어 마치 공기처럼 특별히 의식하지 않아도 언제 어디서나 동시에 존재할 것이다. 아파트, 사무실, 공장, 관공서, 방송국, 병원, 도서관, 은행, 서점, 백화점, 강의실, 박물관 등 모든 공간은 네트워크로 연결된다.

　집 안에서는 냉장고, 가구, 텔레비전, 청소기, 거울, 변기, 컵, 화분, 옷, 구두, 벽 등은 물론 애완동물에 이르기까지 모든 사물에 컴퓨터가 들어갈 것이다. 또한 집을 나서면 자동차, 도로, 가로등, 다리, 터널, 빌딩, 나무 등에 정보가 내장되어 모든 공간이 살아 숨쉬듯이 움직일 것이다.

지금 세계는 이 새로운 '공간혁명'에서 승자가 되기 위해 치열하게 경쟁을 벌이고 있다. 이에 따라 900년 전 세계 최초로 금속활자를 발명하여 인류 문명의 발전에 크게 기여한 우리나라는, 다시금 세계의 중심 국가로 우뚝 설 수 있는 절호의 기회를 맞이하고 있다.

세계 최고 수준의 초고속 인터넷 인프라를 구축한 여세를 몰아 세계 최초로 초고속 유무선 통합망에 도전하고 있는 우리나라는 세계 제1의 IT국가로 발돋움하고 있다. 그러나 사이버공간에서 세계를 놀라게 한 것으로 만족할 수는 없다. 컴퓨터가 모든 사물에 심어지는 다음 차원의 세상으로 가는 우주열차에 신속하게 옮겨 타지 않으면 지금까지의 모든 성공이 일시에 물거품이 되어 사라질지도 모른다.

우리 앞에는 유사 이래 처음으로 세계사의 패권을 차지할 수 있는 최적의 환경이 펼쳐져 있다. 지금까지의 여세를 몰아 21세기를 주도하는 중심 국가로 도약할 것인가, 아니면 정상의 문턱에서 그만 주저앉아버릴 것인가. 우리는 지금 중대한 역사적 변곡점에 서 있는 것이다.

IT혁명의 4단계

오늘날 정보혁명을 주도하고 있는 IT분야는 짧은 시간에 실로 혁명적인 발전을 거듭해왔다. 그 첫 번째 단계의 IT혁명은 1946년 ENIAC컴퓨터에서부터 1981년 PC에 이르기까지 주로 컴퓨터를 통한 '정보통신혁명'이라고 할 수 있다.

무어의 법칙이 말해주는 것처럼 정보처리능력의 끊임없는 혁신은 컴퓨터의 저렴화·소형화·대중화를 주도했다. 그러나 초기 단계의 IT혁명은 개별 컴퓨터들이 외로운 섬처럼 사무실과 집 안의 책상에만 존재했다는 점에서 '점(點)의 IT혁명'이라고 규정할 수 있다.

1단계 IT혁명이 컴퓨터 중심이었다면, 2단계 IT혁명은 컴퓨터와 컴퓨터를 네트워크로 연결하는 '네트워크혁명'이라고 말할 수 있다. 네트워크라는 선(線)은 컴퓨터라는 점과 점을 연결시켰으며, 이러한 선들이 서로 교차하여 인터넷이라는 면(面)을 탄생시켰다.

특히 월드와이드웹(WWW)의 등장은 인터넷과 연결된 PC를 통해 거대한 인터넷 바다를 마음대로 항해하면서 안방에 앉아서도 시간과 공간을 초월하여 전 세계 어느 나라 사람들과도 자유자재로 정보를 주고받을 수 있게 만들었다.

2단계 IT혁명이 단순히 정보의 바다를 형성했다면, 3단계 IT혁명은 그 안에 각종 콘텐츠를 결집시킴으로써 본격적인 전자공간 시대를 열었다고 할 수 있다. 이 전자공간에 전 세계적으로 수억 명이 넘는 사람들이 모여들었고, 자연스럽게 인터넷이 중심이 되는 시장이 형성되었다. 이 인터넷 가상시장은 물리공간을 중심으로 행하던 경제활동의 무대를 e-비즈니스 중심의 전자상거래 방식으로 탈바꿈시키기 시작했다.

2단계 IT혁명이 전자공간의 틀을 만들기는 했지만 사실상 알맹이가 없이 텅텅 비어 있는 공간이었다면, 3단계 IT혁명은 그 안에 다양한 비즈니스 콘텐츠를 담아냄으로써 전자공간을 엄청난 금광이 묻혀 있는 노다지 공간으로 변모시켰다. 3단계 IT혁명을 통하여 전자공간은 비로소 독립된 공간으로서 확고한 위상을 정립하게 되었다.

그러나 IT혁명은 거기에서 끝나지 않았다. IT혁명은 아직도 진행 중이다. 어찌 보면 4단계 IT혁명은 이미 예고되어 있는 것이나 다를 바가 없었다. 3단계 IT혁명을 계기로 제2공간인 전자공간이 제1공간인 물리공간에서부터 완전히 독립하기는 했지만, 서로 갈라져 있는 두 공간은 태생적으로 갈등과 대립관계를 청산하지 못하고 각자의 길을 갈 뿐이었다.

그런데 인간이 육체와 정신이 서로 분리되어 있으면 완전한 인격체가 될 수 없는 것과 마찬가지로, 물리공간과 전자공간도 물과 기름처럼 따로따로 놀아서는 힘을 제대로 발휘하지 못한다. 따라서 두 공간을 넘나들며 살아가는 21세기 지구촌 사람들은 이제 이들이 화해하여 다시 하나가 되기를 간절히 바란다.

이러한 염원을 반영하여 4단계 IT혁명은 이제까지 분리되어 있던 전자공간과 물리공간을 융합함으로써 전혀 새로운 제3공간을 창출하는 것이다. 전자공간이 물리공간 속에 들어가고, 물리공간은 전자공간으로 체질을 바꾸는 것이다. 그리하여 사람과 사람, 사람과 사물, 사물과 사물을 하나의 거대한 네트워크로 연결하는 것이 마지막 단계의 IT혁명이 지향하는 궁극적인 세상의 모습이다.

🏺 인류 역사 속의 4대 혁명

인류가 출현한 이래 사람들의 삶을 송두리째 뒤흔들어 놓은 혁명적인 변화가 몇 차례 있었다. 그런데 그 모든 변혁은 우리가 살고 있는 삶의 공간을 둘러싸고 벌어졌다는 공통점이 있다. 인류의 삶의 방식에 엄청난 변화를 몰고 온 이른바 '공간혁명'의 진화 과정을 개괄적으로나마 살펴보는 것은 이제 막 또 한 번의 공간혁명을 경험하기 시작한 우리 세대에게 의미심장한 시사점을 제공해준다.

제1차 공간혁명은 그전까지만 해도 온 산야를 떠돌아다니며 유목민의 삶을 살았던 사람들이 각자 보금자리를 정하고 정착민의 삶을 살기 시작한 '농업혁명'이다. 농업혁명 이후 사람들은 물리적인 주거공간과 생산공간을 확보하기 위하여 처음으로 '소유'라는 개념에 눈을 뜨게 된다.

제2차 공간혁명은 도시라는 물리적 공간을 중심으로 공장의 기계에서 각종 생산물을 대량으로 쏟아내기 시작한 '산업혁명'을 들 수 있다. 이때부터 사람들의 삶은 도시를 중심으로 규모와 집적의 경제원리가 지배하는 형태로 바뀌기 시작했다.

한편 제3차 공간혁명은 물리공간의 한계를 훌쩍 뛰어

넘어 인터넷이라는 무한한 가상세계를 탄생시킨 '정보혁
명'이라고 할 수 있다. 이때부터 사람들은 시간과 공간의
구속에서 벗어나 전자공간이라는 또 하나의 지구 속에서
새로운 형태의 삶을 영위하게 되었다.

마지막으로 제4차 공간혁명은 물리공간에 전자공간을
연결하여 언제 어디서나 접속하고 소통할 수 있도록 통합
한 공간의 탄생을 의미하는 것으로서, 이것이 곧 '유비쿼
터스혁명(Ubiquitous Revolution)'의 출현과 밀접한 관련
이 있다. 그렇다면 유비쿼터스혁명이 지니고 있는 의미는
무엇일까?

공간의 충돌

컴퓨터의 등장으로 막이 열린 정보혁명은 각자의 책상
위에 외롭게 존재하던 전 세계의 컴퓨터를 인터넷과 월드
와이드웹으로 네트워크화함으로써 빅뱅을 맞게 되었다.
정보혁명의 토양이 된 전자공간은 '제2의 코페르니쿠스
적 전환'이라고 불릴 만큼 획기적인 패러다임의 전환을
요구했다.

이제 우리는 전자공간에서 마우스를 클릭하는 것만으로도 프랑스 루브르 박물관에 소장되어 있는 레오나르도 다빈치의 '모나리자'를 감상할 수 있게 되었고, 미국 스미소니언박물관에 있는 티라노사우루스의 생생한 모습을 구경할 수 있게 되었다. 또한 땅 한 평 없이도 얼마든지 거대한 쇼핑몰을 개설해 운영할 수 있게 되었으며, 시간과 공간을 초월하여 쇼핑몰을 자유자재로 옮겨 다니며 안방에서 편안하고 쾌적한 쇼핑을 즐길 수 있게 되었다.

전자공간은 기존의 물리적 거리나 도시의 존재가치를 순식간에 무력화시키는 괴력을 발휘했다. 그 신속성·편리성·효율성 때문에 전자공간의 거대한 블랙홀로 빨려 들어간 물리공간은 인류의 중심 무대에서 사라진 채 영원한 들러리로 전락하는 것처럼 보였다.

과거 물리공간에 존재하던 수많은 기능이 무서운 속도로 전자공간 속으로 빨려 들어가는 현상을 보고 윌리엄 미첼은 "정보혁명으로 등장한 비트가 공간혁명의 상징인 물리적 도시를 죽였다"고 말하기도 했다.

그러나 물리공간은 그렇게 호락호락 권좌를 내줄 만큼 힘이 약한 존재가 아니다. 전자공간에서 제아무리 수백억 원어치의 물건을 사고판다 해도 물리공간을 누비고 다닐 택배회사가 없다면 모든 것은 신기루에 지나지 않을 것이다. 다시 말해서 물리공간의 기반이 없는 전자공간은 아무 의미가 없는 허상에 지나지 않는다.

그러므로 물리공간과 전자공간은 서로 대립하고 충돌하는 공간이 아니라 보완하고 융합해야 하는 관계다. 도시와 도시를 연결하기 위해 도로가 있어야 하고, 강과 강을 연결하기 위해 다리가 있어야 하는 것처럼, 물리공간과 전자공간을 연결하는 도로이자 다리 구실을 하는 것이 제3의 공간인 유비쿼터스공간이다. 이 새로운 공간의 탄생 과정에서 일어나게 될 모든 변혁의 물결이 유비쿼터스혁명의 본질이다(사진 2 참조).

한마디로 정보혁명이 컴퓨터 속에 물리공간을 집어넣은 혁명이라면, 유비쿼터스혁명은 컴퓨터를 물리공간에 집어넣는 혁명이라고 할 수 있다. 전자공간의 블랙홀로 빨려 들어갔던 물리공간을 부활시켜 생명력을 불어넣는 마지막 단계의 공간혁명이 바로 유비쿼터스혁명이다.

일본의 오마에 겐이치는 『보이지 않는 대륙(*The Invisible Continent*)』에서 '앞으로 모든 국가와 기업 그리고 개인은 지도에 존재하지 않는 무한한 전자공간의 대륙에서 어떻게 살아남고 승리하느냐가 가장 중요한 관건' 이라고 강조한 바 있다. 이것은 사이버공간의 위력과 잠재가치를 극적으로 묘사한 것이다.

그러나 그것이 전부는 아니다. 『문명의 충돌(*The Clash of Civilizations*)』에서 새뮤얼 헌팅턴이 세계사의 변화를 문명간의 충돌이라는 관점에서 진단했다면, 21세기에는 현실공간과 가상공간의 충돌이라는 관점에서 세계 질서를 새롭게 진단할 필요가 있다.

한 차원 더 나아가 우리가 살아갈 미래에는 유비쿼터스 혁명을 통하여 '볼 수 있고 만질 수 있는 물리공간'과 '볼 수 없고 만질 수 없는 전자공간'을 어떻게 하면 가장 이상적으로 융합할 것인지에 국가와 기업과 개인의 운명이 달려 있다고 말하는 것이 오히려 미래를 바라보는 트인 시각이 아닐까 생각한다.

21세기 빅뱅, 유비쿼터스

21세기 빅뱅, 유비쿼터스

디지털과 아날로그

학창시절에 공부한 세계사에 대한 기억이 조금이라도 남아 있다면 '르네상스'가 세계사에서 어떤 대접을 받았는지 알 것이다. '학문과 예술의 부흥기'라고 부르는 르네상스 시대는 서기 476년에 로마제국이 멸망한 이후 1천 년에 걸친 중세 암흑기에서 벗어나 사상·문학·예술·문화가 찬란하게 꽃을 피운 역사적 황금기로 자리매김 되어 있다.

반면에 르네상스라는 주인공을 더욱 빛나게 하기 위하여 중세는 늘 음울한 캐릭터를 지닌 악역으로 묘사되었다. 중세를 인간의 존엄성이 철저히 말살된 암흑의 시대로 규정함으로써 르네상스를 그 어둡고 칙칙한 질곡의 역사에서 벗어나게 만든 인간 구원의 황금기로 추커세운 것이다.

그러나 과연 역사가 그처럼 극단적으로 분절되고 대조적일 수 있는 것일까? 결코 그렇지 않다. 중세(Middle Age)란 말 자체가 18세기 역사학자들이 붙인 명칭으로서, 당시 그들의 시각에서 보았을 때 중세는 고대 그리스나 로마시대처럼 빛나는 문화를 갖지도 못하고 오로지 종교적인 믿음에만 의존했던 어둡고 미개한 시대를 상징하는 간편한 이름이었다.

중세와 르네상스 시대의 구분은 후세 역사학자들의 고정관념에 따른 시각일 뿐 역사를 그렇게 단절된 시각에서 설명할 수는 없다. 사실 르네상스의 싹은 이미 중세에 움트기 시작했으며, 르네상스 시대에도 중세의 체취와 숨결은 면면히 이어지고 있었다.

흔히 어떤 현상이나 이론을 설명할 때 우리는 곧잘 이분법적으로 접근을 시도한다. 이분법은 언뜻 보면 간결하고 명쾌한 사고방식처럼 보인다. 나와 너, 남과 여, 과거와 미래, 낮과 밤, 선과 악, 육체와 정신, 디지털과 아날로

그, 흑과 백이라는 너무도 분명한 대비를 통해서 설명하려는 핵심을 극적으로 전달하기에 안성맞춤인 접근방법이다. 그러나 이들의 관계에는 결코 이분법으로 떼어놓을 수 없는 연속성이 있다.

디지털과 아날로그만 해도 그렇다. 이 두 용어는 언제부턴가 우리 사회에서 신·구세대를 구분하는 기준으로 거론되고 있다. 아날로그 세대는 구시대적이고 과거지향적인 패러다임에서 벗어나지 못하는 인간형이고, 디지털 세대는 첨단을 추구하는 신세대 인간형을 지칭하는 대표적인 용어로 비유되고 있다.

그러나 디지털과 아날로그의 구분은 마치 르네상스와 중세를 서로 동떨어진 단절의 역사로 이해하려는 것만큼이나 위험성을 내포하고 있다. 디지털은 과거 아날로그 방식으로 표현되던 삶의 모습이 또 하나의 새로운 방식으로 표현되는 것일 뿐이지 디지털이 아날로그를 완전히 몰아내는 삶의 방식일 수는 없다.

인터넷으로 신문을 보고, 컴퓨터로 영화를 보며, MP3 파일로 음악을 다운받는 디지털 세대에게 아침에 배달되는 신문을 읽고, 극장에 가서 영화를 보며, LP레코드판으로 클래식 음악을 듣는 아날로그 세대는 진부한 구세대로 여겨질지 모른다.

그러나 디지털 방식이든 아날로그 방식이든 가장 본질적인 것은 신문이나 영화나 음악을 통해 삶에서 필요한 기쁨과 즐거움과 유익함을 얻으려 한다는 것이다. 아날로그 방식이든 디지털 방식이든 그것은 어디까지나 전달하는 방식의 차이일 뿐, 인간의 삶을 좀더 윤택하게 하기 위한 매개체라는 점에서는 서로 다르지 않다.

언제부터라고 단정해서 말할 수는 없지만 디지털 혁명이라는 방식을 뛰어넘는 제3의 혁명적인 방식이 우리 앞에 모습을 드러내기 시작했다. 유비쿼터스혁명이라고 부르는 지금의 삶의 방식이 완전히 자리를 잡게 되면 어느 땐가는 디지털 방식 또한 '옛 것'이 될 것이다.

그러므로 아날로그든 디지털이든 유비쿼터스든 또는 다른 무엇이 되었든 중요한 것은 이들이 모두 인간이 선택하는 삶의 다양한 모습이고 진화하는 기술일 뿐이지 세대를 구분하고 단절시키는 상징물로 이용될 수는 없다는 사실이다.

유비쿼터스는 올지 안 올지 모르는 미지의 세계가 아니다. 유비쿼터스는 벌써 시작되었고 미래 인류의 삶의 방식을 획기적으로 바꿀 킬러 앱으로서 새로운 역사를 여는 기술방식이 될 것이다. 이 시점에서 우리가 유념해야 할 진실은, 이미 시작된 미래 세상에서 소외되거나 변방으로 밀려나지 않고 당당하게 역사의 주인공이 되기 위해서는 무엇을 알아야 하고, 무엇을 준비해야 하며, 무엇을 실천해야 할지, 우리 앞에 펼쳐지고 있는 현실을 냉혹하게 직시하고 자신이 원하는 미래를 창조하기 위하여 지금부터 새로운 패러다임을 가지고 삶을 살아야 한다는 것이다.

정신적 유목민의 삶을 찾아

우리에게 집은 무엇일까? 집이라는 존재를 우리는 어떻게 설명할 수 있을까? 내 책상이 있고, 내 의자가 있고, 내 옷이 있고, 내 침대가 있는 곳. 어린 시절부터 지금까지 가족과 함께 공유하며 나의 모든 추억과 애증이 고스란히 간직되어 있는 곳. 그렇게 집은 자신의 분신이자 든든한 외피로서 구체적이면서 동시에 추상적인 공간의 의미를 담고 있다.

물리적 건축물로서의 의미든 관념적 가족 공동체로서의 의미든, 집은 현실에 두 발을 딛고서 밖으로 내달릴 수 있는 출발지이자 원하면 언제든지 다시 돌아올 수 있는 귀착지다. 그러기에 집은 개인의 삶을 규정하는 상징물로서 애착심과 그리움을 자아내기에 충분한 대상이다.

그리하여 집은 삶의 보금자리가 되고 내부와 외부, 나와 남을 구분하는 경계선이 된다. 내 집은 내 집이고 네 집은 네 집이다. 내 집이 네 집이 될 수 없고, 네 집 또한 내 집이 될 수 없다. 내 집은 나와 너를 구분하고, 우리 가족과 남의 가족을 구분하는 기준이 된다.

그렇기 때문에 집은 외부나 타인으로부터 배타적인 보호를 받을 수 있는 안식처이기도 하지만, 자칫 그 공간에 갇혀 안주해버리면 바깥세상으로 향하려는 내면의 욕망을 거세당하기 쉬운 공간이기도 하다.

그런데 최근 들어 닫힌 공간에 안주하려는 정착민적인 사고보다는 열린 공간을 향해 나아가려는 유목민적인 사고가 고개를 내밀면서 집에 대한 기존의 인식에 일대 변화의 기류가 흐르고 있다. 집을 중심으로 하는 '정착적 삶'의 방식과 가치관에서 빠져나와 울타리와 경계가 따로 없는 '유목적 삶'의 방식과 가치관에 눈을 돌려야 한다는 세간의 이야기에는 그저 잠시 떠도는 이야기로 치부해버릴 수만은 없는 깊이와 넓이가 함축되어 있다.

여기서 뜬금없이 유목민의 삶을 거론하는 것이 그 옛날 양떼를 몰고 새로운 땅을 찾아 끊임없이 이동하던 유목민의 삶으로 다시 돌아가자는 취지는 결코 아니다. 장소의 유목성 또는 물리적 유목성이 아니라 마음의 유목성 또는 정신적 유목성으로 우리의 사고체계를 좀더 유연하게 바꿔보자는 것이다. 그 이유는 우리에게 전개되는 21세기 삶의 토양이 '닫힌 사고' 보다는 '열린 사고' 가 숨을 쉬기에 훨씬 유리한 환경을 조성하고 있기 때문이다.

내 집이 네 집이 될 수도 있고, 네 집이 내 집이 될 수도 있다는 발상의 전환이야말로 20세기적인 소유의 개념으로서 집에 대한 경계와 담장을 허물고, 21세기적인 소통의 개념으로서 집에 대한 새로운 패러다임을 마련하는 중요한 출발점이 될 것이다.

21세기는 연결과 소통의 시대다. 우리의 삶은 지금 무엇을 지향하고 있는가? 각자의 마음속에 만리장성을 쌓고 있는가, 실크로드를 깔고 있는가? 다가오는 세상에서는 성을 쌓는 사람보다는 길을 놓는 사람에게 더 많은 기회와 혜택이 주어질 것이다. 사람과 사람, 사람과 사물, 사물과 사물 사이에 보이지 않는 21세기의 실크로드를 건설하려는 개인이나 조직이나 국가가 흥하고 부강해질 것이다. 지금은 '안' 보다는 '밖' 을, '과거' 보다는 '미래' 를 바라보려는 트인 안목과 열린 사고를 갖는 것이 꼭 필요한 때다.

유비쿼터스의 등장

'유비쿼터스(Ubiquitous)' 는 라틴어로서, '도처에 있다,' '언제 어디서나 동시에 존재한다' 는 뜻이다. 이는 물이나 공기처럼 특별히 인지하거나 찾지 않아도 어디에나 있다는 개념으로, 종교적으로는 신이 언제 어디서나 시공을 초월하여 존재한다는 것을 상징할 때 사용하기도 한다.

유비쿼터스란 용어는 세계적인 복사기 제조업체인 미국의 '제록스' 사 팰 로앨토연구소의 연구원이던 마크 와이저가 1991년에 발표한 「21세기의 컴퓨터 (The Computer for the 21st Century)」라는 논문에서 처음 언급한 것으로, 이 논문에서 그는 '유비쿼터스 컴퓨팅' 이라는 용어를 최초로 사용했다.

마크 와이저는 이 논문에서 '미래의 컴퓨터는 우리가 그 존재를 의식할 필요도 없이 스스로 생활 속으로 들어가는 새로운 방식으로 진화될 것'이라고 말하면서, '컴퓨터는 대부분 현실에서 보이지 않고 일상생활의 모든 것에 포함될 것'이라고 주장했다.

'컴퓨터가 보이지 않게 사물에 들어가는 것'이라는 마크 와이저의 표현이나, 이후에 등장한 여러 문헌에서 유비쿼터스에 관해 정의한 것들을 종합해볼 때, 우리는 유비쿼터스에 대해 다음과 같은 정의를 내릴 수 있다.

즉 '언제(Anytime) 어디서나(Anywhere) 누구라도(Anyone) 각종 정보기기를 통해서(Any device) 모든 네트워크에 접속하여(Any network) 원하는 서비스를 주고받을 수 있는(Any service) 환경'이 바로 유비쿼터스다. 이것을 유비쿼터스의 '6Any'라고 한다.

유비쿼터스와 6Any

1. 언제(Anytime) 어디서나(Anywhere)

제레미 리프킨은 『소유의 종말(*The Age of Access*)』에서 '지금은 소유의 시대가 아닌 접속의 시대'라는 표현을 썼다. 컴퓨터는 소유만 하고 있어서는 제기능을 발휘하지

못한다. 인터넷을 통해 접속할 때 비로소 컴퓨터로서 살아 숨쉬게 된다.

그러나 데스크톱 컴퓨터의 경우 사용자가 책상에서 일어서는 순간 접속이 끊긴다. 선의 구속을 받는 것이다. 이를 보완할 수 있는 것이 무선 노트북 컴퓨터다. 그러나 노트북 역시 늘 들고 다니기에는 번거롭고 거추장스럽다. 이 불편을 해소할 수 있는 방법에는 두 가지가 있다.

하나는 시계처럼 손목에 끼고 다니거나 안경이나 옷처럼 착용하고 다니는 것이다. 손목시계형 컴퓨터와 입는 컴퓨터가 그 대표적인 예다. 이러한 부류의 컴퓨터는 언제 어디서든 필요하면 접속할 수 있는 아주 간편하고 편리한 기능을 보유한 정보기기들이다(사진 3 참조).

다른 하나는 가는 곳마다 컴퓨터가 심어져 있어서 역시 언제 어디서든 접속이 가능하도록 하는 것이다. 집이나 사무실 같은 실내에서는 칩이나 센서가 내장된 지능화된 사물이 서로 정보를 주고받으며, 실외에서는 자동차나 거리에 온갖 정보화 기기들이 내재되어 있기 때문에 특별히 컴퓨터의 존재를 의식하지 않아도 된다.

2. 누구든지(Anyone)

휴대전화가 처음 나왔을 때 크기는 무전기만 하고 가격은 수백만 원에 달했다. 그로부터 10년이 지난 지금 기능 면에서 월등히 뛰어난 최신형 휴대전화는 수십만 원이면 구입할 수 있게 되었다.

그사이에 휴대전화 보급대수가 3,700만 대에 이르러 1인당 휴대전화 보급률에서 우리나라는 단연 세계 1위 수준에 올라 있다. 불과 10년 만에 대한민국에 사는 성인이라면 거의 누구나 하나씩은 가지고 있을 정도로 휴대전화가 대중화된 것이다.

유비쿼터스 역시 대중화가 가장 큰 관건이다. 값이 비싸서 일부 부유층만 사용해서는 유비쿼터스 환경을 구축

할 수 없다. 그런데 누구든지 사용할 수 있을 정도로 대중
화되기 위해서는 저렴한 가격으로 서비스가 이루어져야
한다. 하지만 휴대전화의 경우에 견주어 보더라도 유비쿼
터스의 대중화는 시간이 가면 해결될 것으로 보인다.

따라서 10년 뒤 우리나라는 유비쿼터스 사회로 성큼 다
가가 있을 것으로 보인다. 그렇게 되기에 충분할 만큼 사
회적 인프라가 잘 구축되어 있기 때문이다.

3. 각종 정보기기를 통해서(Any Device)

언제 어디서든 누구나 접속할 수 있는 정보화기기면 된
다. 뒤에서 더 자세히 언급하겠지만, 정보기기들은 이미
전자제품이나 자동차에 장착하고 다니던 최초의 단계를
지나, 휴대전화나 PDA 등 휴대하고 다니거나 손에 끼거
나, 안경에 착용하거나, 옷처럼 입고 다닐 수 있는 형태의
기기로 발전하고 있다.

그러므로 아주 작은 칩이나 센서를 통해 일상용품에 내
장되는 단계를 거치면 최종적으로는 모든 사물과 환경에
컴퓨터가 스며들어 있어서 특별히 의식하지 않아도 주변
의 모든 것이 정보기기 구실을 수행하는 단계로 진화할
것이다(사진 4 참조).

4. 모든 네트워크에 접속(Any Network)

수많은 사물에 네트워크화된 칩이 들어 있기 때문에 네트워크로 이루어지지 않는 것이 없다. 예를 들어 집안의 냉장고에 지금 어떤 식품이 들어 있는지 알고 싶으면 집 밖에서도 휴대용 단말기를 통해 필요한 정보를 얼마든지 얻어낼 수 있다. 그리하여 저녁식사를 준비하는 데 필요한 식품이 있으면 집과 가까운 가게에 연결하여 집에 도착하기 전에 그것이 배달까지 되도록 하는 일이 얼마든지 가능하다.

또한 도로에 전자센서가 설치되면 안개가 자욱이 끼었거나 도로가 결빙되었을 때 위험 정보나 주변 교통상황이 운전자에게 실시간으로 전달된다. 한마디로 모든 사물이 네트워크로 연결되어 필요한 정보를 얼마든지 얻을 수 있는 것이다.

5. 원하는 서비스를 주고받을 수 있는 환경(Any Service)

위치기반서비스(LBS : Location Based Service)는 물리공간에 칩을 심어 새로운 전자공간을 구성했다는 점에서 최초의 유비쿼터스 공간 서비스라는 평가를 받는다. LBS를 이용하면 혼잡한 곳에서 어린아이를 잃어버려도 금방 찾을 수 있고, 가까운 음식점의 음식값도 쉽게 알아볼 수 있다. 물류회사의 경우 회사 차량이 현재 어느 위치에서 이동하고 있는지 즉시 확인할 수 있다.

특히 LBS의 중요성은 휴대전화 사용자가 산속이나 오지에서 길을 잃어버리거나 위험한 상황에 처했을 때 응급 버튼 하나만 눌러도 구조대와 바로 연결되어서 인명 구조에 매우 긴요하게 사용될 것이다(사진 5 참조).

유비쿼터스 컴퓨팅의 핵심 여덟 가지

유비쿼터스의 개념은 크게 두 가지로 구분해서 살펴볼 수 있다. 첫 번째는 '유비쿼터스 컴퓨팅'으로, 이는 '사물 속에 컴퓨터를 심는 것'과 같이 모든 사물이 각자의 정보를 담고 있는 지능화된 사물로 변신하는 것을 말한다.

예를 들어 텔레비전 앞에 앉으면 센서가 인식하여 메일을 검색하고 미리 선택한 영화를 감상하게 한다거나, 사용자가 집 밖으로 나가면 전등이 자동으로 꺼지는 것처럼 지능형 공간과 사물을 창조하는 것이다.

두 번째는 '유비쿼터스 네크워크'로, 이는 '지능화된

사물끼리 네트워크를 통해 정보가 자유자재로 흐르게 하는 것'을 말한다. 예를 들어 체중, 체지방, 당뇨수치 등을 자동으로 측정하여 매일 건강상태를 확인하는 변기를 개발하고, 그 정보를 병원이나 보건소 등 의료기관과 네트워크로 연결해주는 것과 같이 유기적인 네트워크를 구축하는 것이다.

현재 미국은 지능형 환경을 구축하기 위한 유비쿼터스 컴퓨팅에 더 초점을 맞추고 있는 반면, 일본은 유비쿼터스 네트워크 중심의 환경 구축에 주력하고 있다.

그렇다면 앞으로 유비쿼터스 컴퓨팅/네트워크는 어떻게 진화되어 나갈까? 미래의 유비쿼터스 세상은 다음과 같은 유비쿼터스 관련 기술이 종합적으로 구현됨으로써 장기적으로 '언제 어디서나 자연스런' 유비쿼터스 환경을 만들어나갈 것이다. 유비쿼터스 환경을 주도해나갈 차세대 컴퓨팅의 핵심 여덟 가지로는 다음과 같은 것들이 거론되고 있다.

1. 입는 컴퓨팅(Wearable Computing)

이는 컴퓨터를 옷이나 안경처럼 착용할 수 있게 함으로써 컴퓨터를 인간 몸의 일부가 되게 하는 것으로서, 향후

체내 이식형 컴퓨팅(Implantable Computing) 또는 먹는 컴퓨팅의 형태로 발전해나갈 것이다.

2. 이동 컴퓨팅(Nomadic Computing)

이는 네트워크의 이동성을 극대화해 특정 장소가 아닌 어디에서나 휴대용 정보단말기를 통해 컴퓨터를 자유자재로 사용할 수 있게 해주는 기술로, 언제 어디서든 연결되는 환경을 실현해준다.

3. 스며드는 컴퓨팅(Pervasive Computing)

이는 화분이 스스로 수분을 조절한다든지 타이어가 공기압과 타이어 마모 정도를 스스로 체크하는 것처럼 모든 사물에 컴퓨터를 심는다는 차원에서의 편재성(遍在性)에 중점을 둔 것이다.

4. 조용한 컴퓨팅(Silent Computing)

이는 우리 주변 도처에 내재되어 있는 수많은 컴퓨터들이 사용자가 하나하나 직접 명령하지 않아도 마치 영리하고 순종적인 하인처럼 일을 알아서 묵묵히 수행하도록 하는 것이다. 예를 들어 자동차가 스스로 최적의 실내온도

를 유지하고 운전자가 졸면 창문을 연다거나 음악을 틀어
주는 식이다.

5. 감지 컴퓨팅(Sentient Computing)

이는 센서 등을 통해 새로운 정보를 컴퓨터가 미리 감
지하여 사용자에게 필요한 정보를 제공해주는 컴퓨터 기
술이다. 특히 건강의 이상 유무를 각종 센서가 미리 감지
하여 알려줄 수 있기 때문에 의료분야를 중심으로 활발히
연구하고 있다.

6. 일회용 컴퓨팅(Disposable Computing)

이는 모든 사물에 컴퓨터를 심을 수 있도록 컴퓨터를
일회용 종이만큼이나 저렴하게 만드는 기술이다. 그렇게
함으로써 필요한 정보를 부담 없이 쓰고 버릴 수 있도록
하는 것이다. 일회용 컴퓨팅의 발전은 미래의 경제활동에
큰 변화를 가져올 것이다.

7. 내재형 컴퓨팅(Embeded Computing)

이는 세탁기를 작동시키면서 컴퓨터를 사용한다는 생각
을 하지 않는 것처럼 컴퓨팅 기능을 미리 프로그래밍해두

었다가 필요할 때 언제든지 작동하게 하는 것이다. 빌딩 기둥 속에 기능을 프로그래밍하여 건물의 안전성을 스스로 진단하고 문제가 생기기 전에 미리 조치할 수 있도록 하는 것도 내재형 컴퓨팅 기술을 활용하는 것이다.

8. 엑조틱 컴퓨팅(Exotic Computing)

이는 컴퓨터가 스스로 알아서 생각해 서로 이질적인 물리공간과 전자공간을 연결하는 컴퓨터 기술이다. 엑조틱 컴퓨팅 기술을 통해 집 안에서 일어나는 모든 상황과 해야 할 작업이 지능적으로 파악되고 수행된다.

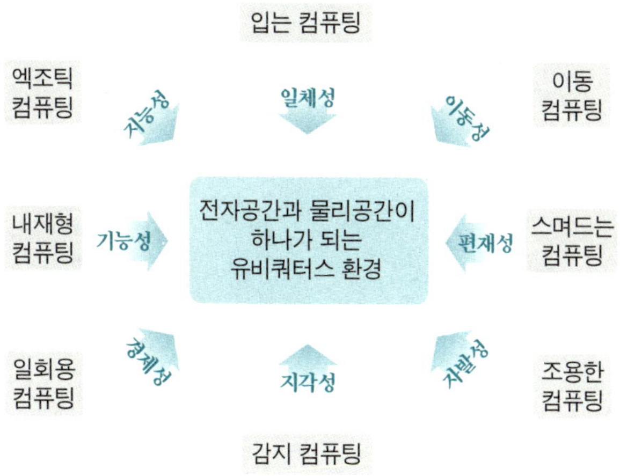

유비쿼터스가 의미하는 것

그렇다면 유비쿼터스와 인터넷의 차이는 무엇일까? 인터넷이 숨쉬는 공간은 가상공간이지만, 유비쿼터스는 그렇지 않다. 가상공간뿐만 아니라 물리공간이 함께 융합된 제3의 공간이 유비쿼터스가 숨쉬는 공간이다.

인터넷을 하기 위해서는 인터넷이 가능한 환경 속으로 들어가지 않으면 안 된다. 그리고 그 자리에서 일어나는 순간 가상공간과는 저만큼 멀어진다. 그러나 유비쿼터스는 그렇지 않다. 모든 사물에 칩이 들어가서 사물이 컴퓨터화되고 어떤 네트워크와도 접속이 가능하므로 물리공간과 가상공간이 별개라는 것을 거의 의식조차 하지 못한다.

그러므로 유비쿼터스는 가상현실이 아니다. 유비쿼터스는 실제로 존재하는 공간을 네트워크로 연결한 것이기 때문에 물리적으로 존재하지 않는 가상현실의 모든 것은 유비쿼터스라고 할 수 없다. 그렇다면 인터넷과 유비쿼터스는 무슨 관계가 있을까?

비유가 적절할지 모르지만 인간이 정신과 육체가 하나로 조화를 이룰 때 비로소 완전한 인격체로서 존재할 수 있는 것처럼, 인터넷은 유비쿼터스 세계가 완전한 유기체가 되도록 전원에 불을 연결해주는 전기 같은 존재라고 할 수 있다. 전기는 보거나 만질 수는 없지만 감지할 수 있는 것처럼 인터넷은 유비쿼터스 공간을 흐르는 공기 같은 존재로 중요한 기능을 수행할 것이다.

한편 유비쿼터스는 단순히 기술의 진보를 의미하는 용어만은 아니다. 유비쿼터스는 가까운 미래에 만나게 될 우리 삶의 모습이다. 지금까지는 일의 능률을 높여주고 수많은 정보를 접할 수 있는 컴퓨터를 제대로 이용하기 위해서 컴퓨터에 입력하는 방법을 배워야 했고 컴퓨터를 능숙하게 다루는 능력이 있어야 했다.

그렇기 때문에 컴퓨터에 능숙하지 않은 세대는 직장에서 젊은 세대들에게 심리적 위협을 느꼈다. 컴퓨터에 쉽게 적응하고 잘 활용하는 사람들은 세상이 참으로 좋아졌다고 반겼지만, 그렇지 못한 이들에게 컴퓨터는 외나무다리에서 만난 피할 수 없는 낯선 괴물일 수밖에 없었던 것이 사실이다.

그러나 유비쿼터스가 구현되면 우리는 이제 더는 컴퓨터나 기타 기기들을 의식할 필요가 없다. 사용법을 익히기 위해 머리를 싸맬 필요도 없다. 이제까지는 컴퓨터에 접근하기 위해서 컴퓨터가 알아들을 수 있는 언어를 인간

이 배워야 했지만, 유비쿼터스 시대에는 도처에 심어놓은 컴퓨터가 인간의 말, 몸짓, 시선, 감정상태 등을 읽고 간단한 명령에 따라 자기가 해야 할 일을 알아서 처리한다.

인간이 기계의 노예가 되는 것이 아니라 기기들이 '알라딘의 요술 램프' 이야기에 등장하는 거인 지니처럼 언제 어디서든 나타나 인간의 충직한 친구이자 일꾼이 되어 주는 것이다.

우리가 모르는 길을 갈 때는 주변을 살피는 데 온통 신경을 쓰지만, 잘 아는 길을 갈 때는 주변을 살피기보다는 가는 목적지에서 할 일을 생각하는 것처럼 유비쿼터스 시대에는 컴퓨터에 신경쓰지 않고 컴퓨터를 통해 구현할 수 있는 '일의 본질' 에 더욱 신경쓰게 될 것이다. 마치 연장에 익숙해진 목수가 연장 다루는 일을 잊어버리고 오직 물건 제작에만 몰두하는 것처럼 말이다(사진 6 참조).

유비쿼터스의 한국형 버전

유비쿼터스는 사물의 인터넷화를 지향한다. 이는 결국 사람·컴퓨터·사물을 네트워크로 연결하고 3차원으로 정보를 수신하거나 발신하게 하는 모든 것과 커뮤니케이션하는 것을 의미하며, 이는 컴퓨터화의 최종 발전단계라고 보면 된다. 이와 같은 21세기 IT분야의 새로운 패러다임은 국가 경쟁력을 확보하기 위한 정책에도 반영되어 국가 주도로 시행될 것이며, 그에 따라 기업과 개인의 발 빠른 대처와 적응이 필요하다.

새로운 국가경영전략으로 제안된 '유비쿼터스 코리아(U-코리아)' 구상은 2007년까지 유비쿼터스 네트워크 기반을 구축해 세계적인 '지식허브국가' 를 건설하는 것을 주요 골자로 한다. 이는 과거의 '사이버코리아 21' 과 'e-코리아' 계획을 'U-코리아' 버전으로 업그레이드한 것

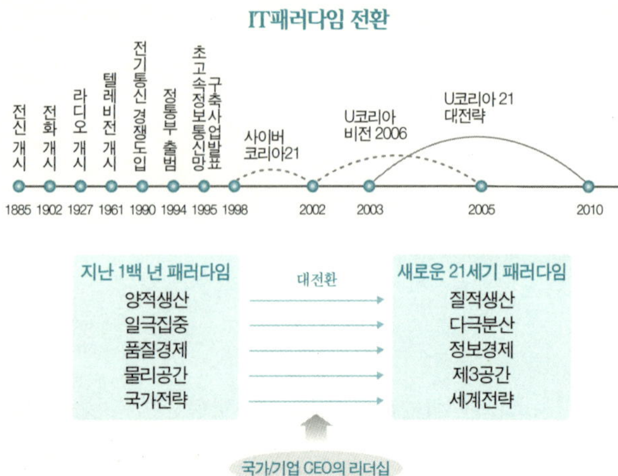

이다. 이를 위해 2007년까지 세계 최초로 전국의 가정과 공공장소, 도시시설물 등을 연결하는 초고속 유비쿼터스 컴퓨팅 및 네트워크가 구축될 것으로 예상된다. 또한 이것을 감수하고 관리하고 지속적으로 성장시킬 수 있는 전자정부의 출범이 시도되고 있다.

미래의 IT산업이 어떤 방향으로 진화할 것인지 감지하려면 현재 정보통신부에서 추진하고 있는 'IT839' 전략의 각 분야별 핵심기술과 서비스 추진 방향을 알 필요가 있다. 이러한 정보통신 관련 기본전략은 향후 U-코리아 프로젝트의 핵심을 이루는 내용이기도 하다.

IT839는 우리나라 IT시장의 미래를 선도해나갈 핵심 성장전략 방향을 제시하고 있다. 8대 서비스, 3대 인프라, 9대 성장 동력 분야로 추진되는 IT839 전략의 세부 내용은 다음과 같다. 다음 장에서는 IT839 전략의 주요 개념을 중심으로 좀더 구체적인 유비쿼터스의 세계를 체험해본다.

8대 정보통신 · 방송 서비스

- 휴대 인터넷(WiBro)
- 위성 및 지상파 디지털멀티미디어방송(DMB)
- 홈 네트워크
- 텔레매틱스
- 전자태그(RFID)
- 광대역 코드분할다중접속(W–CDMA)
- 지상파 디지털 텔레비전(D텔레비전)
- 인터넷 전화(VoIP)

3대 첨단 인프라

- 광대역 통합망(BcN)
- U–센서 네트워크(USN)

- 차세대 인터넷 프로토콜(IPv6) 인프라 구축

9대 신성장 동력

- 차세대 이동통신
- 디지털 텔레비전
- 홈 네트워크
- IT SoC(System on Chip)
- 차세대 PC
- 임베디드 소프트웨어
- 디지털 콘텐츠
- 텔레매틱스
- 지능형 로봇

3장

가자, 유비쿼터스의 세계로

가자, 유비쿼터스의 세계로

U-모바일 시대가 열리다

요즘 텔레비전이나 신문에서는 하루에도 몇 번씩 유비쿼터스와 관련된 정보를 쏟아내고 있다. 그러나 많은 사람들에게 유비쿼터스는 지금 자신이 살고 있는 세상과는 왠지 다른 '신세계'로 받아들여진다. 유비쿼터스 아파트가 등장했다고 아무리 떠들어대도 내가 직접 그런 집에 살지 않으면 실감할 수 없는 것처럼, 유비쿼터스는 자신이 직접 체험하지 않으면 딴세상의 낯선 환경으로밖에 받아들여지지 않을 것이다.

그러나 알고 보면 유비쿼터스는 우리와 아주 가까운 곳

에 벌써 와 있다. 우리는 지금 적어도 한두 개씩 유비쿼터스 단말기를 가지고 있다. 단순히 음성통화 정도만 할 수 있는 아주 구형의 휴대전화가 아닌 이상 신형 휴대전화는 비록 완전한 수준에는 도달하지 못했다 할지라도 초기 단계의 유비쿼터스 단말기라고 할 수 있다.

우리나라에 처음 선뵌 손에 들고 다니는 휴대전화는 미국의 모토롤라사가 1988년에 출시한 '택8000'이다. 그 당시 240만 원에 판매된 이 제품은 무게가 771g이나 나갈 정도로 무겁고 컸다. 또한 10시간 동안 충전해서 겨우 30분 정도 쓸 수 있었다고 하니 지금으로서는 상상조차 할 수 없는 일이다. 그래도 사람들은 그 신기한 전화기를 갖지 못해 애를 태웠다.

휴대전화가 처음 등장한 뒤 얼마 전까지만 해도 휴대전화는 거의 대부분 음성통화를 하는 가장 편리하고 효율적인 수단이었다. 이것이 '1세대 휴대전화'의 시대였다. 그 뒤 음성뿐만 아니라 컴퓨터와 인터넷 기능을 탑재해 각종 데이터를 주고받을 수 있는 '2세대 휴대전화'가 출현했다.

그러나 휴대전화의 진화는 거기서 끝나지 않았다. 사람들은 음성과 데이터뿐만 아니라 영상까지 담을 수 있는 새로운 모델의 출현을 갈구했다. 이른바 '3세대 휴대전화'가 탄생하기를 애타게 기다린 것이다. 그 결과 이제 우리는 휴대전화를 통해 동영상 통화는 물론이거니와 다양한 동영상 콘텐츠를 시청할 수 있게 되었다.

미래의 U-모바일 시장은 4세대 휴대전화 개발을 놓고 더욱 후끈 달아오를 전망이다. 21세기판 삼국시대라고 일컬어지는 한·중·일 세 나라가 지금 4세대 휴대전화 시장의 주도권을 놓고 각축을 벌이고 있기 때문이다. 4세대 휴대전화는 데이터 전송속도가 3세대 휴대전화보다 50배나 빨라 고속으로 달리는 기차 안에서도 화질이 깨끗한 텔레비전을 볼 수 있어 통신과 방송의 융합에 더욱 가속도가 붙게 할 것으로 보인다.

유비쿼터스 단말기의 진화

기존의 정보통신산업 : 분리				미래의 정보통신산업 : 융합		
콘텐츠	네트워크	단말기		콘텐츠	네트워크	단말기
음성	음성망	전화기	→	음성 + 데이터 + 영상	음성망 + 데이터망 + 방송망	전화기 + PC + TV
데이터	데이터망	PC				
영상	방송망	TV				

최근 경쟁적으로 출시되는 휴대전화들은 전화, 카메라, 캠코더, MP3, 모바일 뱅킹, PDA, 화상통화 등 갈수록 융합된 기능을 갖추고 있다. 이동 멀티미디어방송(DMB) 수신이 가능하거나 휴대 인터넷(WiBro)이 가능한 휴대전화, 자동차에 내비게이션 같은 텔레매틱스가 장착되어 있다면 그것도 훌륭한 유비쿼터스 단말기가 된다.

좀더 완전한 형태의 유비쿼터스 단말기가 되기 위해서는 뒤에 언급할 IPv6의 도입이 필수적이다. IPv6가 사물에 도입될 경우 가장 먼저 적용할 대상은 바로 휴대전화일 것이다. 현재의 진행 상황으로 볼 때 그 시기는 2007년쯤이 될 것으로 보인다. 휴대전화마다 IP주소가 부여되면 휴대전화는 이제 더는 전화기가 아니라 차세대 PC를 상징하는 대표적인 유비쿼터스 단말기가 될 것이다. 우리는 이것을 '유비쿼터스 모바일(U-모바일)'이라고 명명할 수 있다.

유비쿼터스가 모든 사물에 칩이 내장되는 임베디드(Embeded) 방식이 되기까지는 아직도 시간이 더 필요하다. 그전까지는 U-모바일이 '언제 어디서나' '각종 정보기기를 통해서' '원하는 서비스를 받을 수 있는' 초기 유비쿼터스 환경을 조성해나갈 것이다.

그렇다면 U-모바일은 구체적으로 어떤 형태를 띨까? 지금처럼 손으로 들고 다니는 스타일에서 벗어나 더욱 간편한 모습으로 변할 것이다. 이를테면 시계처럼 팔에 걸고 다니거나, 안경처럼 얼굴 부위에 끼고 다니거나, 옷처럼 입고 다니는 형태가 될 것이다.

이쯤 해서 궁금한 것이 있을 것이다. 도대체 U-모바일을 통해서 받을 수 있는 서비스의 범위는 어디까지일까? 한마디로 말해서 유비쿼터스 서비스의 거의 모든 것을 받을 수 있다. 앞에서도 언급한 DMB, 와이브로(WiBro), 텔레매틱스를 비롯하여 홈 네트워크, 원격진료, 원격교육, 모바일 뱅킹 등 하나하나 열거하기 어려울 정도다. 심지어 신분증, 신용카드, 지폐 등 지갑을 대신하는 스마트카드도 하나의 칩 형태로 U-모바일에 탑재될 수 있다.

바야흐로 U-모바일 하나만 가지고 다니면 다른 어떤 것도 번거롭게 가지고 다닐 필요가 없는 세상이 우리 앞에 그 모습의 일부를 살짝 보여주고 있다.

방송국이 손안에 들어오다

회사원인 김모 씨는 이제 출근길 버스 안에서 운전기사가 틀어놓는 라디오를 듣지 않는다. 대신 그는 자신의 휴대전화를 열심히 들여다본다. 먼저 그 시간대에 방송하는 인기 아침 드라마를 시청한다. 드라마가 끝나면 뉴스 속보를 보고 오늘 오전에 만날 거래처 관계자의 신상정보도 검색해본다.

점심시간이 되자 식사를 마치고 발걸음을 자연스럽게 근처 공원으로 옮긴다. 이미 벤치 여기저기에는 휴대전화기를 들고 영화를 감상하거나 스포츠 경기를 시청하는 직장인들로 북적인다. 이것이 2005년부터 서비스가 본격화되기 시작한 DMB 시대의 달라진 풍속도다.

'디지털 멀티미디어 방송'의 약자인 DMB(Digital Multimedia Broadcasting)는 고품질의 영상과 음성 서비스를 언제 어디서나 제공하는 모바일 방송을 말한다. 집이나 사무실에 들어 있던 텔레비전이 각자의 손안으로 들어간다는 이야기다. 물론 지금도 스카이 라이프 이동 수신안테나를 달면 시청할 수 있다. 그러나 화면이 찌그러지기 일쑤고 끊김이 잦아 불편한 점이 한두 가지가 아니다. 그런데 DMB 방송은 시속 100~200km로 달리는 차 안에서도 찌그러지는 현상이 전혀 없이 고화질의 텔레비전을 시청할 수 있다.

따라서 방송과 통신이 융합된 형태인 DMB가 본격적으로 보급되기 시작하면 무엇보다도 텔레비전을 시청하는 패턴이 상당히 바뀔 것이다. 시청자로서는 필요한 정보를 골라 보는 '맞춤형 시청'이 늘어날 것이고, 사업자로서는 누가 가장 'DMB적인 콘텐츠'를 만들어내느냐에 따라 명암이 엇갈릴 것이다(사진 7 참조).

DMB는 휴대전화나 전용 단말기 또는 자동차용 텔레매틱스를 통해 서비스된다. 이 DMB가 휴대전화나 PDA에 담기게 되면 획기적인 수요가 창출될 것으로 보인다. DMB는 위성 DMB와 지상파 DMB로 나뉘어 서비스되고 있다. 지상파 DMB는 무료인 데 비해 위성 DMB는 유료 서비스다.

현재는 지상파 DMB와 위성 DMB가 이동 방송수신 서비스 시장을 놓고 한판 대격전을 벌일 것으로 예상되지만, 정작 DMB 서비스의 질을 결정할 단말기 제조회사들 사이에서는 장기적으로 지상파/위성 DMB를 하나로 합친 복합 단말기 개발에 대한 밑그림을 그리고 있다.

휴대 인터넷 와이브로

휴대 인터넷인 '와이브로(WiBro : Wireless Broadband)'는 기존의 무선 랜과 비슷한 개념으로 보면 된다. 와이브로라는 명칭은 국제 표준화를 위해 정보통신부가 지은 이름이다. 기존의 무선 랜은 도달거리가 짧아서 이동 중이거나 접속지점에서 멀어지면 사용할 수 없다. 반면에 지금의 무선 인터넷은 무선 랜 같은 문제점은 없지만 가격이 비싼 것이 흠이다.

와이브로는 무선 환경에서 이용할 수 있는 초고속 인터넷을 말한다. 휴대 인터넷 서비스는 사실 새로운 서비스는 아니다. 이미 휴대전화를 통한 인터넷 서비스는 제공되고 있다. 그러나 요금이 비싸고 속도가 느린 것이 결정

적인 단점으로 지적되고 있다. 그래서 지금 유선으로 쓰고 있는 초고속 인터넷을 무선 환경에서도 똑같이 서비스될 수 있도록 하는 것이 와이브로라고 보면 된다.

와이브로가 서비스되면 유선 인터넷을 이용하듯이 저렴한 가격으로 무선 인터넷을 이용할 수 있다. 물론 이동 중에도 끊김 현상 없이 인터넷을 할 수 있다. 이와 같이 와이브로는 무선 인터넷과 무선 랜의 장점을 결합한 서비스로 현재 사업자를 선정하는 과정에 있으며, 유선 사업자와 무선 사업자 모두 촉각을 곤두세우고 있는 사업 영역이다.

이와 관련한 기술 시험 역시 이미 끝났다. 현재의 기술

력으로는 시속 60km의 속도로 이동하는 중에도 무선 인터넷 서비스가 가능하다. 최근 이 와이브로 사업권을 놓고 유·무선 통신업계 전체가 한바탕 격전에 돌입할 태세다. DMB와 함께 와이브로 서비스가 본격적으로 시행되면 차세대 이동통신의 패권을 둘러싼 경쟁사들의 경쟁이 시장을 뜨겁게 달굴 것으로 보인다.

자동차를 부팅한다?

19세기 말에 독일에서 처음으로 자동차를 만들었을 때 사람들은 자동차를 보고 '말 없는 마차'라고 불렀다. 틀림없이 마차 속에다 말을 숨겨놓고 안 보이게 하고서 달리는 것이라고 생각했다. 난데없이 이상한 물체가 도로 위를 굴러가는 것을 보고 어떤 사람들은 심지어 '악마가 나타났다!'고 소리 지르며 달아나기도 했다고 한다.

그로부터 100년이 지난 오늘날 우리는 누구나 더 비싸고 더 멋진 '악마'를 타지 못해 안달을 한다. 말 없는 마차인 자동차는 이제 단순한 이동수단을 넘어서서 현대인에게 없어서는 안 될 필수품으로 자리 잡은 지 오래다. 하

루 삶에서 자동차와 함께하는 시간은 가정이나 직장에서 보내는 시간 못지않게 비중이 커지고 있다.

하지만 일단 자동차를 타고 거리로 나서면 자동차가 항상 편리하고 즐거움을 선사하는 것만은 아님을 금방 알 수 있다. 대도시의 만성적인 교통난과 높은 교통사고율은 때로 자동차를 애물단지로 만들기도 한다.

서울을 비롯한 도심지의 주요 도로망은 이미 심각한 동맥경화에 걸린 상태다. 명절 때가 되면 전국의 고속도로와 국도는 끊임없이 밀려드는 자동차의 물결로 거대한 주차장을 이루지만, 운전자들은 속수무책으로 정체가 풀릴 때만을 기다리고 있어야 한다.

하지만 자동차와 도로가 유비쿼터스를 만나면 이야기는 달라진다. 앞으로는 마차 속에 말을 숨겨놓는 대신 자동차와 도로 속에다 컴퓨터 칩을 심어놓고 '움직이는 생활공간'을 만들어 완전히 새로운 문화를 창출하는 시대가 펼쳐질 것이다. 그렇게 되면 미래의 자동차는 시동을 건다기보다는 자동차를 '부팅한다'는 표현이 더 어울릴 것이며, 단순한 교통수단의 기능을 넘어서서 움직이는 사무실이자 집의 역할까지 도맡아 할 것이다.

텔레매틱스

우리나라에서도 '전격 Z작전'이란 제목으로 방송된 'Knight Rider'는 1982년 미국 NBC방송국에서 방송을 시작한 이래 20여 년이 지난 지금까지도 수많은 팬을 확보하고 있다. 경찰인 마이클과 그의 파트너인 인공지능 자동차 키트(KITT)가 주인공으로 나오는데, 사람인 마이클보다도 만능 자동차인 키트의 인기가 더 높았다. 미래의 정보과학에 대한 기대감이 날로 고조되던 시절, 인간과 소통하고 지능적이며 능청스런 유머감각까지 지닌 슈퍼 자동차 키트는 모든 시청자들의 선망의 대상이었으며, 한때 '가자, 키트!' '키트, 도와줘!' 라는 유행어를 낳기도 했다.

20세기 최고의 발명품이라고 할 수 있는 자동차가 발달하면서 사람들의 이동 욕구가 충족되고 물리적 생활범위도 크게 확장되었다. 자동차는 집이나 일터와 함께 많은 시간을 보내는 공간이다. 그런 만큼 자동차를 타고 있는 시간을 편안하고 유익하게 보낼 수 있다면 생활의 '웰빙지수' 는 올라가게 될 것이다.

그러나 자동차를 운전하는 것은 고도의 정신집중이 필요하고 매우 스트레스를 받는 일이다. 또한 이동하는 데만 신경쓰느라 다른 일은 할 수 없다.

그런데 만일 자동차가 주인을 알아보고 필요한 조치를 모두 해준다면, 그리고 가고 싶은 곳에 잘 갈 수 있도록 안내해주고 교통체증을 피하여 운전할 수 있도록 도와준다면, 운전시간이 좀더 즐거워질 것이다. 나아가 자동차가 알아서 운전해 차 안에서 하고 싶은 일을 할 수 있다면 그보다 더 좋은 일은 없을 것이다. 그런데 통신(Telecommunication)과 정보과학(Informatics)의 합성어인 '텔레매틱스(Telematics)' 서비스가 바로 이런 일을 해준다. 키트 같은 미래형 자동차가 현실로 등장한 것이다(사진 8 참조).

텔레매틱스의 이모저모

흔히 텔레매틱스를 내비게이션과 혼동하는 경우가 있는데, 이는 엄연히 다른 개념이다. 지리정보만을 제공하는 내비게이션과 달리 텔레매틱스는 뉴스, 날씨, 증권 등 각종 생활정보, 이메일 등 무선 통신기술과 결합된 다양한 서비스를 제공해준다.

충돌사고가 나면 자동으로 사고 위치를 자동차 회사에 알려주기도 한다. 음주하면 시동이 걸리지 않고 운전 중 지루하지 않도록 재미있는 이야기를 들려준다거나 뉴스를 제공하기도 한다. 동승한 사람이 인터넷이나 온라인 게임을 즐기도록 해준다(사진 9 참조).

여행을 떠날 때 여행지에 대해 안내해주고, 호텔·음식점 등을 검색해 예약해주어 부담 없이 떠날 수 있도록 도와준다. 주5일제 근무가 도입됨에 따라 늘어나는 여가를 여유로우면서도 편안하게 즐길 수 있도록 해주는 것이다.

차량 내 운전자 정보 시스템은 목적지를 말하기만 해도 교통체증을 피해 갈 수 있는 길을 안내해주고 식사시간이 가까워지면 근처에 있는 좋은 음식점을 예약할 것인지 물어온다.

운전자가 졸 때는 창문을 열어준다든지, 음악을 바꾼다든지, 실내온도를 바꾸는 등 안전조치를 취하거나 잠시 쉬었다 가도록 근처의 휴게소로 안내할 것인가 물어보는 등의 서비스를 제공한다.

이와 같은 텔레매틱스를 실현하기 위해서는 자동차 생산업체, 이동통신사, 단말기 제조업체, 시스템 통합업체, 콘텐츠업체 등이 유기적으로 협력해야 한다. 이때 자동차 업체와 이동통신사가 대표사업자로 나서는 경우가 대부분이다.

텔레매틱스 서비스가 아직 익숙한 말은 아니다. 그러나 인생을 좀더 풍요롭고 쾌적하게 살려는 많은 사람들의 웰빙 욕구가 텔레매틱스를 통해 자동차 생활에서도 실현되도록 하는 것은 자연스러운 시대의 흐름이다.

자동차를 단순히 이동수단으로만 이용하기에는 그 안에서 보내는 시간이 너무 아깝다고 하는 요구를 바로 텔레매틱스 서비스가 해결해준다. 특히 하루 시간의 10분의 1, 연평균 800시간을 자동차에서 보낸다는 우리나라에서 텔레매틱스의 등장은 시간이라는 귀중한 자원을 좀더 가치 있게 사용할 수 있게 해줄 것이다.

버스종합사령실 BMS

　지하철이나 버스 같은 대중교통에도 텔레매틱스 서비스를 접목할 수 있다. 지능형 교통시스템(ITS : Intelligent Transportation System)이 그것이다. ITS는 전자·정보·통신기술을 교통시설에 접목해 도로, 차량, 신호 시스템 등 기존의 교통체계를 네트워크로 통합 관리하는 시스템이다. 한 마디로 말해서 교통시설체계와 관련된 모든 것을 총괄하는 교통 네트워크가 ITS인 것이다.

　ITS는 운전자와 보행자뿐만 아니라 교통시설 운영자와 관리자 모두에게 다양한 혜택을 제공한다. 특히 교통 혼잡을 완화해주고, 운전자의 이동성·편의성·안전성을 향상시켜주며, 국가산업의 경쟁력을 강화시켜줄 뿐만 아니라 에너지 효율성을 높여주는 데도 크게 기여할 수 있다.

　ITS는 텔레매틱스 산업 발전을 위해서 필수적인 인프라에 해당한다. ITS는 도로건설, 교통, 통신, 전기, 전자, 자동차산업 등 매우 광범위한 산업연관효과가 있기 때문에 범정부 차원에서 적극적인 투자를 아끼지 말아야 할 분야이기도 하다.

현재 여러 지방자치단체들이 ITS 기술을 도입하여 대중교통에 일대 혁신을 꾀하려고 한다. 그렇게 되면 가장 친숙한 대중교통수단인 시내버스의 불규칙한 배차, 무정차 통과, 결행 등에 따른 시민들의 불만이 상당 부분 해소될 뿐더러 버스 사업자들의 경영채산성에도 기여할 것으로 전망된다.

버스정보시스템(BIS : Bus Information System) 또는 버스종합사령실(BMS : Bus Management System)이 구축되면 시내버스는 이제 승객만 싣고 달리는 단순한 교통수단이 아니다. 정류장에 설치된 정보단말기와 인터넷은 물론이고 휴대전화, PDA, ARS 등 각종 정보매체를 통해 버스 도착 예정시간이 실시간으로 제공된다. 원하는 목적지까지의 소요시간과 노선정보도 직접 확인할 수 있다.

그렇게 되면 영문도 모른 채 버스정류장에서 길게는 몇 십 분씩 속절없이 기다려야 하는 불편이 완전히 사라질 것이다. 그동안 버스 이용을 기피하던 자가용 운전자들의 교통 수요를 대중교통으로 흡수하는 효과가 있는 것은 말할 것도 없다(사진 10 참조).

버스 운전자는 앞에 설치된 정보단말기로 앞뒤 차의 운행간격을 확인하고 도착시간을 조절하며 운행할 수 있다.

버스운행 상태가 그대로 파악돼 과속운전이나 난폭운전은 아예 할 생각조차 하지 말아야 한다. 무정차 통과 같은 불법운행은 이제 꿈도 꿀 수 없다.

버스 사업자로서는 배차간격 유지 등 버스운행을 계획적으로 함으로써 승객이 증가해 더 많은 수익을 올릴 수 있다. 정확한 배차관리, 운행간격 유지, 배차인력 절감 등으로 경영합리화를 꾀할 수 있으며, 과속이나 난폭운전을 통제할 수 있어 사고가 줄어들고 보험료도 절약할 수 있다.

BMS 도입은 서울 같은 대도시의 교통난 해소에도 큰 몫을 할 것이다. 현재 서울시에서 추진하고 있는 BMS 프로젝트는 서울시 전역을 운행하는 버스를 하나의 네트워크로 연결함으로써 초기 형태의 유비쿼터스 교통을 구현할 전망이다.

다양한 교통수단에 통신기능을 심고 수도권 전역을 누비는 차량을 네트워크로 연결하는 것이 유비쿼터스 교통시스템의 핵심이다.

바야흐로 언제 어느 도로에서나 통신이 가능하고 자동차와 사물이 서로 정보를 주고받는 '유비쿼터스 교통시대'가 열리고 있다.

홈 네트워크 시대

"남들에겐 꿈이지만 나에게는 생활입니다!"

이것은 외출해서도 집 안의 모든 가구나 살림살이를 원격으로 제어하고 점검할 수 있는 홈 네트워크 시스템이 갖추어진 아파트 광고 문구다. 최근 들어 서울을 중심으로 신규 분양하는 상당수 아파트들이 홈 네트워크 방식을 채택하고 있다.

'홈 네트워크(Home Network)'란 기능이 다양한 가정 내 디지털 기기들이 네트워크로 연결되는 것을 말한다. 즉 홈 네트워크란 집 안에 유비쿼터스 환경을 구축하는 디지털 홈을 말한다.

얼마 전 서울에서 분양된 한 아파트가 주부들에게 큰 인기를 얻었다. 디지털 텔레비전과 일종의 휴대용 무선 네트워크 기기인 웹 패드(Web-pad)를 통해 간단하게 쇼핑도 하고 각종 정보도 얻을 수 있었던 것이 폭발적인 인기를 끌었던 주된 이유였다.

그뿐만 아니라 이 아파트에서는 동네소식에서부터 도로 정보, 요리 정보에 이르기까지 집 안에서 버튼 하나로 다양한 정보를 얻을 수 있어 더욱 편리하게 집안일을 볼

수 있다. 집 밖에서도 무선으로 가전기기를 작동시킬 수 있고 집 안의 조명을 켜고 끌 수도 있다. 이것이 바로 홈 네트워크 시스템이 현실화되기 시작한 우리 가정의 모습이기도 하다.

홈 네트워크 가정 출현에 불을 지핀 것은 정보통신부다. 정보통신부는 2007년까지 디지털 홈을 1,000만 가구 만들겠다고 발표한 바 있다. 물론 1,000만 가구를 새롭게 짓는다고 생각하면 오산이다. 디지털 홈은 반드시 집을 새로 지어야 가능한 것은 아니다. 기존의 가정에도 홈 네트워크와 관련한 정보기기들을 갖추면 디지털 홈이 되는 것이다.

달라질 집 안 풍속도

'토털리콜'에서 디지털 텔레비전을 시청하는 모습, '백 투 더 퓨처'에 나오는 벽걸이용 텔레비전을 통한 풍경 감상, '코드명J'에서 나오는 화상전화 모습, '데몰리션맨'에 등장하는 홍채인식도어 등은 SF영화에서나 가끔 접할 수 있었던 미래 가정의 모습이었다.

특히 2054년을 무대로 스토리가 전개되는 스티븐 스필버그 감독의 영화 '마이너리티 리포트'에서는 자동항법장치로 운행하는 도로와 자동차, 신분증 대신 홍채로 모든 신분을 확인하는 건물, 말만 해도 척척 알아듣고 그대로 행하는 집 안 가구 등 유비쿼터스 시대를 상징하는 많은 것들이 영화의 흥미를 더해주기도 했다.

그러나 이러한 디지털 첨단기기들은 이제 더는 영화 속 이야기만으로 끝나지 않게 되었다. 홍채인식으로 열리는 문과 말로 켜고 끄는 실내조명은 이미 현실화된 기술이며, 아주 가까운 미래에 실현될 우리 가정의 모습이다.

이렇듯 홈 네트워크는 이미 우리 가까이에 와 있다. 텔레비전, 냉장고, 세탁기 등 가전제품을 인터넷을 통해 연결하고 휴대전화를 통해서 집 밖에서도 작동할 수 있게 할 뿐 아니라 좀더 넓은 의미로는 가정 내 모든 네트워크와 디지털기기를 연결해 정보를 전달하고 집안일을 볼 수 있도록 한 것이 홈 네트워크다.

한 저명한 일본 가전회사의 CEO가 '머지않아 네트워크로 연결되지 않는 가전제품이란 존재하지 않을 것'이라고 말했던 것처럼 홈 네트워크 시스템은 아주 빠른 속도로 우리 가정에 들어와 생활 패턴을 변화시키고 있다.

서울 강남구 삼성동의 한 디지털 전시장은 고객들이 직접 디지털 라이프를 체험해볼 수 있도록 꾸민 국내 최초의 홈 네트워크 전시장이다. 홍채인식기를 통해 문을 열고 들어가면 홈 시어터 공간이 펼쳐지는데, 이곳은 고선명 화질과 입체음향의 영화와 음악을 DVD 플레이어로 감상할 수 있는 공간이다(사진 11 참조).

침실에는 PDP가 걸려 있어 편안히 누워 휴식을 취하며 텔레비전을 볼 수 있다. 홈 오피스 공간에서는 PC를 통해 다양한 서비스를 제공받을 수 있고 화상통화도 가능하다. 실내에서 해변의 풍경을 감상하며 운동할 수 있도록 꾸며 놓은 헬스 케어가 있고, 주방에는 인터넷 냉장고와 인터넷 세탁기 등이 설치되어 있다.

인터넷 냉장고에서는 텔레비전을 볼 수 있을 뿐만 아니

라 인터넷을 통해 다양한 요리 정보를 얻을 수 있다. 거실에는 디지털 텔레비전이 설치되어 있어 텔레비전을 보다가 이메일이 오면 금방 확인할 수도 있고 화상통화도 할 수 있다.

유비쿼터스가 선도하는 미래는 이미 우리 앞에 바짝 다가와 있다. 우리가 꿈꾸던 미래가 현실이 되어 우리 앞에 펼쳐지고 있는 것이다. 우리의 삶을 좀더 즐겁고 편안하게 만들어줄 홈 네트워크 시스템의 주인공은 궁극적으로 우리가 될 것이다.

홈 네트워크 시장 전망

"홈 네트워크 시장 경쟁에서 최종 승자는 소비자에게 가장 큰 효용을 주는 제품이나 기업이 될 것이다. 그리고 독점적 지위를 유지해온 기존의 기업들은 커다란 도전을 맞게 될 것이다."

이 말은 세계적인 컴퓨터업체인 델 컴퓨터의 마이클 델 회장이 2004년에 열린 서울디지털포럼에서 던진 메시지다. 델 회장의 이 같은 메시지는 홈 네트워크 시장에서의 주도권 경쟁이 향후 정보통신 분야는 물론 가전제품 분야 등 전통시장의 흐름을 뒤바꿀 수 있을 만큼 강력한 힘을 가지고 있다는 뜻을 담고 있다.

특히 우리나라는 홈 네트워크 확산의 이상형으로 인식되고 있다. 우리나라는 세계 최고 수준의 초고속정보통신망이라는 IT인프라와 아파트 중심의 주거문화가 홈 네트워크의 확산에 더없이 좋은 환경을 갖추고 있다. 또한 새로운 첨단 서비스에 대한 욕구가 그 어느 나라보다 강한 소비자층을 보유하고 있기 때문이다. 여기에 정부와 기업의 적극적인 투자가 맞물려 우리나라는 이제 홈 네트워크 시장의 세계적인 시험장으로 급부상하고 있다.

'현재는 디지털 텔레비전을 중심으로 일부 정보·전자기기를 연결해 이용하는 수준이지만, 머지않은 미래에는 홈 네트워크가 진정한 유비쿼터스 사회의 중심이 될 것'이라는 정보통신부장관의 말을 잘 음미해볼 필요가 있다.

신축 고급 아파트를 중심으로 일괄적으로 설치되는 현재의 홈 네트워크는 서민들에겐 아직 그림의 떡이다. 그러나 보급 과정에서 사용자들이 필요로 하는 서비스 중심으로 관련 상품이 개발되고 수요가 늘어나면서 적정한 가격이 형성되면 머지않은 장래에 국민 대다수가 자신의 집에서 좀더 발전된 유비쿼터스 세상의 혜택을 누리게 될 것으로 전망된다.

유비쿼터스 의료 시스템

앞으로는 환자와 의사가 반드시 같은 장소에 있어야 할 필요가 없다. 원격수술이 가능해졌기 때문이다. 의사가 출장을 가 있다거나 다른 곳에 있을 때 또는 환자가 멀리 떨어져 있을 때, 특히 그 수술을 할 수 있는 의사가 전 세계에 몇 안 되는 경우에 원격수술은 매우 유용한 진료 방법이 될 것이다.

원격수술은 이미 지난 2001년 9월 프랑스 스트라스부르와 미국 뉴욕을 연결하는 수술이 성공적으로 진행됨으로써 더욱 현실로 다가오게 되었다. 당시 프랑스에 있는 68세 여자 환자의 담낭을 제거하는 수술을 집도한 사람은 뉴욕에 있는 의사였다.

스트라스부르와 뉴욕은 무려 7천km나 떨어져 있는데도, 대서양을 건넌 수술은 아무런 사고 없이 성공적으로 끝났다. 이렇게 디지털 기술은 사람과 사람 사이를 연결하고 사람의 생명까지 구하는 기술이 되고 있다.

우리나라에도 첨단 진료 시스템이 도입되고 있다. 경기도 분당에 있는 서울대학교 병원이 그곳이다. 교통사고를 당한 응급환자가 병원에 도착하면, 수술처럼 구체적인 처방과 진료에 들어가기에 앞서 먼저 CT촬영을 한다. 사고에 따른 골절 상태와 장기파손 상태 등을 체크하기 위해서다. 상하좌우 입체적 촬영을 신속하게 한다.

촬영된 내용은 인터넷을 통해 실시간으로 진단방사선과 의사에게 연결된다. 촬영된 영상은 사실적인 3차원 영상을 통해 볼 수 있고, 환자의 신체 내부가 그대로 영상으로 재현된다. 정밀하게 진단하기 위해 모든 가능성에 대해 점검한다.

이렇게 촬영된 모든 의료영상들은 이 병원 중앙 컴퓨터에 저장된다. 그러면 병원 의사들이 진료실, 수술실, 연구실 등 언제 어디서든 이 영상을 조회할 수 있다. 그리고 이 영상은 병원 밖에 있는 의사에게도 전송된다. 그 시간에 병원 밖에 있던 정형외과 전문의가 전화로 연락을 받고, 병원에서 전송된 촬영영상을 판독해 곧바로 처방을 내린다. 수술 준비는 어떻게 하고 의사가 도착할 때까지 응급처치는 어떻게 하는지 신속하게 진단이 내려진다.

이 병원 의료진은 노트북이나 휴대용 정보단말기, PDA
를 들고 다니며 진료한다. 무선 랜을 통해 진료 현장에서
즉각적으로 처방하고 검사결과도 조회할 수 있는 시스템
이 갖춰진 것이다. 혈압, 맥박, 체온 등 환자의 기본적인
정보는 측정 즉시 병원 중앙통제컴퓨터에 자동 저장된다.
이를 통해 주치의나 간호사가 언제 어디서나 환자의 상태
를 확인할 수 있다. 진료 기록을 관리 · 검색하는 시스템
이 하나로 통합된 것이다.

이런 디지털 병원이 전국적으로 확대되면 환자와 병원
모두 고급 의료 서비스 시대를 맞게 될 것이다. 환자의 숫
자가 많아지면 환자의 개인별 정보는 말할 것도 없고 유
사한 질환이 있는 모든 환자에 대한 자료가 쌓일 것이다.
그렇게 되면 언제 어디서나 의사가 환자의 정보에 바로
접근할 수 있고 신속하게 진료할 수 있다. 또한 병원은 부
수적으로 공간도 줄이고 인력도 줄이는 효과를 거둘 수
있다(사진 12 참조).

그리 머지않은 장래에 우리는 '유시티(U-city)'에서 유
비쿼터스 환경 속에 있는 '유티즌(U-tizen)'으로서 개인
에게 필요한 정보를 '수도꼭지의 물'처럼 손쉽게 얻어 쓸
수 있는 '유라이프(U-life)'를 즐기게 될 것이다. 매년 병

원을 찾아가 몇 시간씩 불안한 마음으로 순서를 기다리며 받아야 했던 건강검진도 앞으로는 집에서 할 수 있게 될 것이다.

집 안의 러닝머신은 맥박과 호흡을, 화장실의 지능형 변기는 체온과 대소변의 상태를 사용할 때마다 자동으로 측정해서 이상이 있으면 주치의의 원격진료 시스템에 보낸다. 주파수를 이용해 정밀 진단하여 아주 미세한 세포 이상까지도 사전에 포착해 예방할 수 있도록 해주는 첨단 의료기기가 대중화 시대를 눈앞에 두고 있다. 이제 모든 가정에서 원격진료장비 하나만 갖추고 있으면 건강진단 이 이루어지는 꿈같은 일이 현실이 되고 있다. 바야흐로 인류는 지금 적어도 의료 분야에서만큼은 '유비쿼터스' 와 '유토피아'가 결합된 '유비토피아(Ubitopia)'의 세계 로 진입하기 시작한 것이다.

유비쿼터스 강의실

신입사원들이 연수원 강당에 모여 똑같은 옷을 입고 회 사 구호를 외치며 일방적인 주입식 사내 연수를 받던 시대는 지났다. 학교가 끝나고 밤늦은 시간까지 이곳저곳 학원을 옮겨 다니며 파김치가 다 되어서야 집에 돌아오던 과외수업도 점점 사라지고 있다.

자신이 원하는 시간에 원하는 장소에서 온라인으로 필요한 강의를 들을 수 있는 'e-러닝' 시대가 열렸기 때문이다. 한 걸음 더 나아가 길을 걸으면서도, 달리는 차 안에서도, 침대에 누워서도 듣고 싶은 강의를 편리하게 들을 수 있는 21세기형 'm-러닝' 강의 문화가 태동하기 시작했다.

회사원 정보화 씨는 매일 아침 경기도 용인에서 서울 여의도까지 2시간이 걸리는 거리를 버스와 전철을 이용해 출근한다. 전철에 오른 정보화 씨는 휴대전화를 꺼내 모바일 인터넷에 접속한다. 그러고는 어제에 이어 '자기계발' 온라인 동영상 강의를 듣기 시작한다. 전철 안의 다른 승객들이 멍하니 창밖을 바라보거나 눈을 감고 있을 때 그는 휴대전화 액정화면을 통해 시종 진지한 표정으로 강의를 듣는다. 그러는 사이 어느새 회사가 있는 여의도에 도착한다.

이제는 강의실도 휴대전화 안으로 들어오는 세상이다. 휴대전화 화면으로 강의를 듣는 'U-러닝(Ubiquitouslearning)' 시대가 열리고 있는 것이다. U-러닝은 이동하는 시간마저 아까운 현대인에게 이동성이 높은 U-모바일 단말기를 이용하여 교육 콘텐츠를 제공하는 서비스를 말한다.

주로 전화를 걸고 받는 용도로 쓰이던 휴대전화가 유비쿼터스 기술의 발전과 더불어 데스크톱 컴퓨터와 맞먹는 기능을 보유하는 새로운 지식 유통 수단으로 진화하고 있다. U-러닝은 오프라인 교육과는 대조적인 개념으로써 교실에 가서 공급자가 일방적으로 제공하는 수업을 듣는 것이 아니라, 인터넷과 방송 매체를 이용하여 언제 어디서나 사용자가 원하는 수준의 수업을 맞춤식으로 들을 수 있다는 장점이 있다. 전문가들은 현재 개인 휴대전화가 이미 널리 보급되어 있기 때문에 U-러닝 시장의 발전 가능성이 매우 높다고 본다.

이제는 교육 분야에도 산업 마인드를 가지고 접근할 필요가 있다. 게임시장, 애니메이션시장보다 온라인 교육시장이 더 크게 성장할 것으로 전망된다. 인터넷 시스템이나 인프라와 관련하여 세계 최고 수준에 있는 우리나라야말로 온라인 세계 교육시장을 석권할 수 있는 조건이 잘 갖춰져 있기 때문이다.

그러나 U-러닝이 더욱 활발하게 보급되기 위해서는 보완해야 할 부분도 있다. 휴대전화로 인터넷에 접속하는 요금이 좀더 저렴해져야 한다는 점과 휴대전화 액정화면이 작아서 수업 내용을 눈으로 확인하기가 쉽지 않다는 점 등은 본격적인 유비쿼터스 교육 시대를 앞두고 시급히 해결해야 할 과제다.

또한 사람과 사람이 서로 만나서 공감하며, 직접 보고 만지고 느끼는 것들을 통해 진정한 교육 효과가 나타난다는 점에서 유비쿼터스의 장점을 잘 조합한 새로운 학습 모델을 개발하는 것이 필요한 시점이 되지 않았나 생각한다.

유비쿼터스혁명의 일등공신 RFID

마트에서 쇼핑한 경험이 한 번이라도 있는 사람이라면 누구나 체험하는 것이 있다. 카트에 담긴 물건을 하나씩 꺼내 계산대에 올려놓으면 점원이 바코드를 일일이 스캐닝해 계산한다. 기다리는 줄이 얼마 안 되면 다행이지만, 길게 늘어 서 있는 경우에는 기다리는 것도 따분한 일이

다. 게다가 자칫 머피의 법칙이라도 발동하는 날이면 내 줄이 가장 더디게 줄어든다.

그런데 앞으로는 그럴 필요가 없어진다. 쇼핑한 상품을 하나하나 꺼내 계산할 필요 없이 고객이 직접 구매물품을 계산대로 통과시키면 기계가 자동으로 인식하여 물건 값을 한꺼번에 계산해주기 때문이다. 이것이 가능한 이유는 전자태그(RFID : Radio Frequency Identification) 덕분이다.

RFID는 아주 작은 칩에 정보를 저장하고 그것에 주파수를 쏘아서 돌아오는 정보를 판독해내는 원리로 사용한다. 모든 상품에 RFID칩이 도입되면 바코드를 하나하나 확인할 필요가 없기 때문에 굳이 많은 직원이 계산대에서 체크하지 않아도 된다. 그러한 업무에 종사하는 사람들에게는 반갑지 않은 소식이겠지만, 유통업체들이 RFID를 도입하는 것은 시간문제일 것으로 보인다.

지금까지 나와 있는 RFID는 각각 별개의 독립된 정보 저장 칩의 기능을 하고 있다. 그러나 앞으로 등장할 RFID는 칩에 센서가 부착되고 이를 네트워크와 연결해 정보를 관리하는 기능을 수행할 것이다.

정보통신부는 이미 지난 2004년 2월에 "U-센서 네트워크(USN : Ubiquitous Sensor Network)는 필요한 모든 것(곳)에 RFID 전자태그를 부착하고(Ubiquitous), 이를 통하여 기본적인 사물의 인식정보는 물론이거니와 온도, 습도, 오염도, 균열도 등 주변의 환경정보를 탐지하여(Sensor), 이를 실시간으로 네트워크에 연결해서 정보를 관리하는 것(Network)을 말한다"고 정의한 바 있다.

물건이나 사물에 네트워크화된 RFID칩이 내장되면 사물이 스스로 상황을 인식해 매우 똑똑하게 일을 할 수 있다. 똑똑해진 침대는 지금 침대 위에 누가 누워 있는지 알고, 영리한 의자는 실제로 앉아 있는 사람은 전혀 신경도 쓰지 않지만 지금 자기 위에 사람이 앉아 있다는 것을 정확하게 감지한다.

이러한 모든 정보가 하나의 홈 서버에 연결되면 홈 서버는 어느 방에 누가 있는지 인식하여 불필요한 곳에서는 자동으로 전등을 끈다. 이처럼 사물에 센서가 부착되면 모든 사물이 마치 생명이 있는 물체처럼 살아나게 된다. 그래서 RFID는 유비쿼터스혁명의 일등공신이 될 수밖에 없다.

RFID가 상용화되기 위해서는 크기가 작아지고 가격이 저렴해지는 것이 관건이다. 이미 일본에서는 크기가 1mm도 되지 않는 초소형 RFID를 저가에 생산하고 있다. 히타치가 개발한 '뮤(Meu)칩'은 크기가 $0.4 \times 0.4 \times 0.06$mm에 지나지 않는다. 얼마 전 우리나라도 한 대학에서 개당 5원의 RFID칩을 개발했다. 모든 사물에 RFID가 부착된다면 칩 하나만 잘 만들어 경쟁력을 갖추는 것만으로도 단숨에 세계 시장을 석권할 수 있다. RFID는 그만큼 위력적인 것이다.

RFID가 보편화되면 말 그대로 손가락 하나 까딱하지 않고 생산·유통·재고가 자동으로 관리된다. 그뿐만 아니라 공항 수하물 관리, 창고 관리, 하역 관리, 의류 매장 관리, 농수축산물 유통 관리, 도서관 관리, 애완동물 관리 등 거의 모든 분야에 RFID가 쓰일 것이다.

서울 광화문 정보통신부 청사 1층에 있는 유비쿼터스 드림 전시관을 방문하면 이런 생활을 생생하게 체험할 수 있다. 매장에서 쇼핑한 상품들을 알아서 자동으로 판독하고, 불필요한 물건 하나를 빼고 새로운 물건 하나를 추가하면 곧바로 그 내용을 읽어낸다. 또한 냉장고에 넣으면 냉장고 스크린에 자동으로 상품 정보가 뜨고 유통기일이 다 된 식품이 있다는 것도 알려준다. 옷을 하나 고르면 거울에서는 그와 가장 잘 어울리는 옷이 어떤 것인지 가구 안의 옷들과 대비해서 알려준다. 외출할 때 옷을 고르는 데 걸리는 시간을 이제는 거울이 알아서 다 해결해준다. 이 모든 것이 사물에 내장된 RFID 덕분이다.

유비쿼터스혁명의 양대 축 IPv6

IP(Internet Protocol)란 전자공간에서 통신하는 두 기기의 주소를 나타내는 '인터넷 주소'를 말한다. 인터넷을 통하여 정보를 주고받는 모든 기기는 반드시 IP주소를 가지고 있어야 한다. 그리고 그 주소는 유일해야 한다.

지금까지 IP주소는 32비트의 숫자를 이용해 표기해왔

다. 0에서 255까지의 숫자를 점으로 구분해서 '0.0.0.0~255.255.255.255' 까지의 범위 내에서 각각의 고유한 IP주소가 부여된다. IP주소가 네 개의 숫자 조합으로 구성되어 있기 때문에 이것을 IPv4(Internet Protocol version 4)라고 부른다.

그런데 IPv4는 지금 한계상황에 직면해 있다. 그 주된 이유는 IP주소가 부족하기 때문이다. 32비트의 수로 조합할 수 있는 최대숫자는 43억 개다. 지구 전체 인구를 65억 명으로 잡는다면, 한 사람당 한 개씩도 돌아가지 않는다. 20년 전만 해도 사용하는 컴퓨터 수가 그리 많지 않았기 때문에 걱정이 없었으나, 지금과 같은 추이라면 주소를 부여할 수 없는 상황이 언제 발생할지 모른다.

이에 따라 IP의 국제표준을 관리하는 기구인 IETF(Internet Engineering Task Force)에서는 IPv6 도입을 제시하고 있다. IPv6(Internet Protocol version 6)는 길이가 총 128비트여서 조합 개수가 무려 43억 개의 4제곱(43억×43억×43억×43억)인 약 340간(澗) 개에 이른다. 이 숫자 단위는 그야말로 상상을 초월하는 천문학적인 것으로, 지구상의 모든 사람이 한 사람당 IP를 수십 개씩 가지고도 남을 만큼 엄청난 숫자다.

IPv6가 갖고 있는 가장 주목할 만한 특징은 컴퓨터만 IP를 가지는 것이 아니라 네트워크상에서 정보를 주고받고자 하는 모든 사물에 IP가 부여될 수 있다는 것이다. 휴대전화, 자동차, 냉장고는 말할 것도 없거니와 심지어 컵이나 화분까지도 IP를 가질 수 있다.

그렇게 되면 네트워크화된 모든 사물에 끊임없이 정보가 오고가면서 언제 어디서나 각종 정보기기를 통해서 모든 네트워크에 접속하여 원하는 서비스를 받을 수 있는 좀더 완전한 모습의 유비쿼터스 세상이 도래할 것이다. 그러므로 IPv6는 RFID칩과 함께 사물과 사물이 서로 소통하게 하는 유비쿼터스혁명에서 가장 핵심적인 양대 축이 될 것이다.

그밖의 유비쿼터스 관련 기기들

RFID칩을 내장한 휴대전화도 기술적으로는 이미 모습을 드러냈다. RFID 휴대전화는 매장의 진열대에 있는 상품정보를 휴대전화로 전송받을 수 있고, 계산대로 가면 휴대전화에 저장된 상품정보를 계산대의 컴퓨터에 즉시 전송하도록 되어 있다. 이러한 기능을 갖춘 휴대전화는 RFID가 상용화되는 시기가 되면 거의 필수품이 될 것으로 보인다.

또한 '원폰(One-phone)'은 가정이나 사무실에서는 유선전화기처럼 활용하고 외부에서는 휴대전화로 전환해서 사용할 수 있는 유무선 통합전화다. 원폰은 블루투스라는 무선통신기술을 이용해 집 안에서는 요금이 싼 유선전화망에 무선으로 접속하고, 집 밖에서는 코드분할다중접속(CDMA)망을 통해 이동통신 서비스를 받을 수 있도록 되어 있다.

원폰은 유선전화로 사용할 때 통화 품질이 우수하고 PCS 요금보다 통신요금이 절약된다. 또한 무선전화기를 따로 들고 다닐 필요 없이 휴대전화 하나로 통화가 가능한 것도 장점이다.

그런가 하면 입는 컴퓨터 이후에는 '먹는 컴퓨터'가 등장할 것이다. 신체 내장형인 먹는 컴퓨터는 차세대 PC 중에서 1세대인 PDA나 스마트 폰을 거쳐 2세대인 손목시계형 PC와 입는 PC를 지나 마지막 3세대 PC에 해당한다. 먹는 컴퓨터는 IT기술의 융합화와 정보기기의 소형화·경량화가 만들어낸 가장 진화된 미래형 컴퓨터로서 몸속의 센서가 생체, 감정, 의도 등을 파악해 사용자의 건강상태, 위치, 환경 등을 실시간으로 측정하여 개별적인 서비스를 제공한다(사진 13 참조).

미국에서는 이미 먹는 컴퓨터를 제품화하여 판매하기 시작했다. 미국 식품의약국(FDA)은 환자의 의료정보가 담긴 컴퓨터 칩인 베리칩(VeriChip)의 판매를 승인한 바 있으며, 미국 어플라이드 디지털 솔루션(ADS) 사가 개발한 컴퓨터 칩은 쌀알만 한 크기로 주사기를 이용해 피부 속에 설치하고 스캐너를 통해 정보를 읽을 수 있다.

우리나라의 경우 먹는 컴퓨터와 관련한 연구개발이 이제 막 시작 단계에 있으며, 앞으로 이 분야는 의료산업뿐만 아니라 군수산업이나 엔터테인먼트산업 등에서 폭넓게 활용될 것으로 보인다.

유비쿼터스와 비즈니스

유비쿼터스와 비즈니스

 상상에서 현실로

유비쿼터스에 대한 관심이 높아지면서 '유비쿼터스 시대', '유비쿼터스 사회', '유비쿼터스 코리아' 같은 용어가 자주 등장하고 있다. 이미 선진국에서는 RFID를 활용한 유비쿼터스 비즈니스 모델이 속속 출현하고 있다. 월마트나 메트로(Metro) 등 대형 유통업체들이 RFID 시스템을 도입해 본격적인 유통혁신에 나설 채비를 갖추고 있으며, 전자센서가 내장된 거울이나 당뇨를 체크할 수 있는 변기 등 실용적인 유비쿼터스 제품들이 속속 출시되고 있다.

　그러나 우리나라에서는 아직까지도 주로 유비쿼터스에 대한 원론적인 당위성이나 개념을 소개하는 이야기들만 무성하게 나돌 뿐, 기업이 무엇을 어떻게 준비해야 할지 구체적이고 올바른 방향 제시가 미흡한 실정이다.

　유비쿼터스가 구현할 미래 세계에 대한 상상이나 가정은 많지만, 과연 그러한 것들이 비즈니스적으로 실용화가 가능한 것인지에 대한 진지한 검토나 유비쿼터스 핵심기술을 개발하기 위해 해결해야 할 과제가 무엇인지에 대해서도 논의가 부족한 상황이다.

　U-코리아를 실현하기 위해서는 다양한 추진 주체가 참여해야 하기 때문에 비즈니스 모델 개발이나 킬러 앱 문제에 대해 좀더 심도 있는 접근이 꼭 필요한 시점이다.

　그런 의미에서 이번 장에서는 유비쿼터스 환경이 비즈니스에 어떤 변화를 가져올 것인지 알아보고, 유비쿼터스를 구현하기 위해 필요한 다섯 가지 핵심기술 분야에 대해 언급함으로써 유비쿼터스 시대의 비즈니스에 대해 전망해보겠다. 또한 마케팅 전략의 변화에 대해서도 알아보기로 한다.

비즈니스 모델의 변화

너무나 당연한 이야기겠지만 유비쿼터스 환경에서 수많은 지적 재산들 가운데 디지털화될 수 있는 제품들은 총체적인 위기에 처할 것이다. 일단 디지털 제품은 불법복제와 무단배포의 집요한 공격에서부터 결코 자유로울 수 없을 것이기 때문이다.

불법복제와 무단배포는 창작자와 제작자 그리고 배포자의 가치 사슬을 한꺼번에 위협할 것이다. 소설이나 시 같은 출판물, 음악, 영화 등은 기본적으로 문자, 소리, 그림으로 구성된 정보의 집합체이기 때문에 디지털의 형태로 얼마든지 복제하고 배포할 수 있다.

따라서 이러한 산업에 종사하는 생산자와 공급자 그리고 판매자들은 계속해서 고전을 면치 못할 것이다. 특히 다른 특정 제품을 팔기 위해서 이들 디지털 제품이 '끼워팔기' 식으로 거의 공짜에 가깝게 배포되면 수익은 더욱 치명적으로 줄어들 것이다.

예를 들어 앨범 하나를 CD로 제작하기 위하여 제작자는 투자를 많이 하겠지만, 한 곡 단위로 구매하기를 원하는 소비자들은 CD를 구입하기보다는 디지털 다운로드를 받는 방식을 선호할 것이기 때문에 관련 산업의 수익성은 악화될 수밖에 없다. 그러나 디지털 배포를 통해 대중에게 이름이 널리 알려진 가수는 공연을 통해 새로운 수익을 창출할 수 있다.

한편 디지털 기술로 복제가 불가능한 창작물은 오히려 이익을 볼 것이다. 춤, 연극, 발레, 조각, 그림 같은 창작물의 진정한 가치는 디지털 복제로 손상되는 것이 아니다. 주로 행위를 통해 3차원적으로 작품을 판매하는 당사자들에게 디지털 복제와 배포는 진품을 더 폭넓게 홍보해주는 효과가 있다. 영화는 디지털 복제를 얼마든지 할 수 있지만, 연극은 관객 앞에서 공연될 때 비로소 그 진가가 발휘된다.

지금과 같은 추이대로라면 디지털화가 가능한 창작물을 제조하고 배포하는 업종에 종사하는 사람들은 시간이 갈수록 취약점을 드러낼 것이다. 하지만 그로부터 파생되는 부가적인 콘텐츠를 개발하고 보급한다면 새로운 비즈니스 모델을 창출할 수 있는 좋은 기회가 될 수도 있다.

비밀 없는 유비쿼터스 세상은 많은 산업 종사자들에게 커다란 위협으로 느껴질 수도 있지만, 적극적으로 변신을 꾀하여 새로운 기회를 잡으려는 사람들에게는 고마운 세

상으로 다가올 수도 있다. 결국 최종적인 책임은 개개인
의 몫으로 돌아가는 것이다.

🏺 압정의 원리

압정은 손가락 끝으로 눌러 벽이나 나무판에 물건을 고
정할 때 쓰는 짧은 쇠못이다. 압정은 뾰족한 몸통과 둥글
납작한 머리로 이루어져 있다. 그런데 만일 압정에 납작
한 압정 머리가 없이 뾰족한 압정 침만 있다면 어떻게 될
까? 물건이나 종이를 손으로 눌러 고정시키기도 힘이 들
뿐더러 부착한 물건도 안정감을 잃고 금방 떨어져버릴 것
이다. 뾰족한 압정 침이 제대로 기능을 다하기 위해서는
넓적한 압정 머리가 꼭 있어야 하는 것이다.

압정의 침을 깊이 박기 위하여 압정 머리를 넓적하게
한 것이 '압정의 원리'다. 첨단기술의 세계에도 이러한
압정의 원리가 그대로 적용된다. 한 분야에서의 경쟁력을
압정의 뾰족한 침에 비유한다면, 연관된 다른 여러 분야
에서의 다양하고 폭넓은 협력과 지원은 압정의 넓적한 머
리에 비유할 수 있다. 다시 말해서 한 분야에서 경쟁력을

확보하기 위해서는 관련이 있는 인접 분야가 동시에 발전
할 수 있어야 하는 것이다.

유비쿼터스 역시 다를 바가 없다. 유비쿼터스 개념이
본래 IT분야에서 탄생한 것은 주지의 사실이지만, IT분야
의 성장만으로 유비쿼터스가 진화할 수 있는 것은 결코
아니다. 유비쿼터스는 연관된 다른 분야와 '기술융합' 이
라고 하는 좀더 큰 틀 안에서 접근할 필요가 있다.

여기서 기술융합이라 함은 흔히 21세기 핵심기술 분야
라고 일컬어지는 '7T', 즉 BT(생명기술), CT(문화기술),
ET(환경기술), IT(정보기술), NT(나노기술), RT(로봇기
술), ST(우주기술)의 기술을 융합하여 새로운 시너지를 창

출한다는 의미다. 유비쿼터스는 분류상 분명 IT분야이지만, 사물 속에 컴퓨터를 심고 이들이 서로 네트워크로 연결된다는 관점에서 볼 때 7T의 기술이 총망라된 기술융합의 성격이 강한 것이다.

그러므로 유비쿼터스 코리아의 미래는 IT분야에 대한 투자는 말할 것도 없거니와 나노산업, 생명산업, 로봇산업 등 연관 산업에서 인적·물적 투자가 얼마나 균형 있게 이루어질 수 있느냐에 달려 있다. 관련 분야의 발전이 동시에 이루어지지 않은 채 IT분야만 혼자 갈 수 없는 것이다.

우리는 여기서 '넓이와 깊이'의 상관성에 대해 음미해 볼 필요가 있다. 넓이와 깊이는 대체관계가 아니라 보완관계다. 땅을 깊게 파 들어가기 위해서는 반드시 먼저 넓게 파는 작업이 선행되지 않으면 안 된다. 깊이 이전에 넓이를 고려하지 않으면 결코 깊이 파 들어갈 수 없다.

유비쿼터스는 분리되어 있는 세상을 하나로 융합하는 거대한 메커니즘이다. 따라서 모든 분야가 잘나가야 한다는 공생공영의 정신이 근저에 흐르고 있어야 유비쿼터스 코리아의 미래가 보장된다. 압정의 원리를 통해서 우리는 어떤 사회나 조직 또는 개인이 성장하고 발전하기 위해서는 이를 뒷받침할 수 있는 탄탄한 기반이 함께 구축되지 않으면 안 되며, 그렇지 않을 경우 설사 일시적으로 앞서 나간다 하더라도 얼마 가지 못해 경쟁력을 상실하고 만다는 사실을 항상 염두에 두어야 한다.

유비쿼터스 관련 5대 핵심기술

유비쿼터스의 핵심은 인간과 매우 유사한 생각과 행동 체계를 갖춘 다양한 정보기기를 만들고 이를 네트워크로 연결하는 것이다. 인간은 주로 오감을 통해 정보를 수집하고, 두뇌를 통해 생각하고 기억하며, 말과 동작을 통해 행동한다.

이에 비해 유비쿼터스 컴퓨팅은 다양한 센서를 통해 정보를 수집하고, 프로세서를 통해 분석하고 판단하며, 커뮤니케이션 기술을 통해 다른 정보기기들과 의사소통을 한다. 그러므로 유비쿼터스가 인간과 얼마나 유사한 생각과 행동체계를 갖추느냐는 센서, 프로세서, 커뮤니케이션, 인터페이스, 보안의 다섯 가지 핵심기술이 얼마나 유기적으로 발전할 수 있느냐 여부에 달려 있다.

1. 센서

‘센서(Sensor)’는 외부의 정보나 환경을 인지하기 위한 도구이며, 유비쿼터스 컴퓨팅의 입력장치에 해당한다. 지금까지는 사람이 ‘어둡다’고 인지하면 전등을 켜는 방식이지만, 유비쿼터스 컴퓨팅에서는 센서가 ‘어둡다’는 것을 감지하여 자동으로 전등을 켠다. 같은 원리로 침대에 누워 책을 보다 잠이 드는 경우 센서가 사람의 움직임의 변화를 감지하여 일정 시간이 지나면 자동으로 불을 끄는 방식이다.

유비쿼터스 컴퓨팅 센서로서 기능을 극대화시키기 위해서는 소형화 · 저가화 · 저전력화가 필수요건이다. 어디에서나 구현되고 눈에 띄지 않기 위해서는 소형화 기술이 필수적이고, 대량 보급을 위해서는 한 번 쓰고 버릴 정도로 저렴한 가격에 보급할 수 있어야 하며, 항상 전력을 소모하므로 전력을 최대한 절약하는 기술 개발이 필요한 것이다.

센서는 기능에 따라 크게 수동형과 능동형 두 가지로 구별되는데, 수동형은 RFID칩과 같이 사물에 들어 있는 센서를 리더기가 감지하여 판독하는 방식이고, 능동형은 소리 센서로 사람의 음성을 감지하여 누구인지 식별하는 것처럼 센서 자체가 환경의 변화를 감지하여 정보를 획득하는 방식이다. 유비쿼터스 핵심기술로서 센서의 가공할 만한 성장 가능성을 잘 알고 있기 때문에 앞으로 세계 시장의 주도권을 놓고 각국이 사활을 건 승부를 벌일 것으로 예상된다.

2. 프로세서

'프로세서(Processor)'는 사람의 신체에 비유하면 두뇌에 해당하는 것으로, 센서를 통해 얻은 정보를 분석하고 판단하는 장치를 말한다. 프로세서는 기본적으로 실시간 정보처리가 가능하고 저전력의 간단한 구조를 갖춰야 한다. 현재 나와 있는 대표적인 유비쿼터스 컴퓨팅 프로세서로는 1988년 일본 도쿄에서 처음 선보인 '트론(TRON)'이라는 운영체계가 있다.

이때 등장한 지능형 주택은 더울 때 사람이 직접 창문을 닫고 냉방하는 방식이 아니라 자연공기조절기능에 맡긴다. 밖에 상쾌한 바람이 불고 있으면 그것에 맞춰 바람이 통하게 하고, 밖의 기후조건이 나빠지면 자동으로 창문이 닫히는 등 컴퓨터와 상호교신하면서 스스로 판단해서 동작을 행하는 방식으로 되어 있다. 트론 방식은 실시간 운영체계라는 장점이 있어서 가전제품과 자동차의 마이크로프로세서용 운영체계로 보급이 점점 확산될 것으로 전망한다.

3. 커뮤니케이션

유비쿼터스 '커뮤니케이션(Communication)' 기술은 사람과 사물 또는 사물과 사물의 상호작용을 지원하기 위한 무선통신기술을 말한다. 이를 위해서는 시시각각 이동하는 센서나 기기들을 동적으로 연결하는 네트워크 기술을 개발해야 한다. 예를 들어 주방에 있던 컵을 거실로 가지고 오면, 주방의 네트워크는 컵이 없는 상태로 네트워크를 전환하고, 거실의 네트워크는 컵을 새롭게 추가한 네트워크로 전환하는 것이다.

이와 같이 사람과 사물, 사물과 사물의 커뮤니케이션이 가능하려면 사물과 기기들을 식별하기 위해 각각의 사물에 주소를 할당할 수 있어야 하며, 그런 이유로 IPv6의 도입은 필수적이다. 현재 IP의 국제표준을 정하는 기구에서 미국이 주도권을 잡고 있기 때문에, IPv6의 도입과 확산에는 어떤 형태로든 미국의 영향력이 작용할 것으로 보인다.

4. 인터페이스

'인터페이스(Interface)'란 컴퓨터와 사람을 연결해주는 장치로, 유비쿼터스 환경에서는 인간에 근접한 형태의 지능화된 인터페이스가 반드시 필요하다. 따라서 지금까지 시각 중심의 인터페이스 방식에서 탈피하여 좀더 유연한 형태의 인터페이스를 제공해야 한다.

인터페이스 기술의 핵심이 되는 디스플레이 장치는 냉장고나 자동차 같은 기기뿐만 아니라 거울이나 벽면 등 사람이 마주하는 다양한 곳에 설치해야 한다. 예를 들어 차량의 경우 운전 중 시선 이동을 최소화하기 위해서 자동차 앞면 유리창에 디스플레이를 내장하는 식이다. 앞으로 디스플레이 기술은 디스플레이 사이에 네트워크를 구성하여 사람의 움직임에 따라 자연스럽게 정보를 연결해 표시해주는 '유비쿼터스 디스플레이 네트워크'로 발전할 전망이다.

5. 보안과 프라이버시

'보안(Security)'과 '프라이버시(Privacy)'는 유비쿼터스의 대중화를 위해서 반드시 극복해야 할 가장 큰 장애물이다. 인터넷과 마찬가지로 유비쿼터스 역시 보안에 취약하다. 언제 어디서나 컴퓨터를 이용한다는 것은, 곧 언제 어디서나 정보가 누출될 위험성을 내포하고 있다는 의미도 되기 때문이다.

그러므로 어디에서든지 안심하고 사용할 수 있도록 보장해주는 보안기술이 필요하다. 정보 보안의 취약성을 극복하기 위해서는 제3자가 비밀번호 등을 알아내더라도 풀지 못하도록 하는 암호화 기술을 개발할 필요가 있으며, 사용자가 사용권한이 있는지 확인하는 인증기술도 다양하게 개발해야 한다.

특히 유비쿼터스 환경에서 무차별적으로 수집된 정보가 네트워크를 통해 전송되면서 사용자의 프라이버시가 노출될 가능성이 늘 있다. 그러므로 프라이버시를 보호하기 위해 사용자가 만족할 만한 기술적 대안이 동시에 마련되지 않으면 사람들은 유비쿼터스 컴퓨팅에 의존하기를 상당히 꺼려할 것이다.

예를 들어 베네통은 자사 의류에 RFID를 도입했으나, 고객들이 프라이버시 침해에 대해 우려를 제기하자 RFID 도입 확대를 보류하기로 결정했다. 또한 면도기업체인 질레트도 RFID를 도입해 활용하고 있으나, 일부에서 안티 질레트 사이트를 운영하면서 "RFID가 있는 면도기를 사

느니 차라리 수염을 기르겠다"라고 RFID 도입에 적극적
으로 반대해서 난감해하고 있다.

유비쿼터스 비즈니스 환경의 진화

유비쿼터스는 관련 기술의 발전과 응용분야의 확대 그
리고 사용 공간의 확장으로 끊임없이 진화에 진화를 거듭
할 것이다. 유비쿼터스 기기는 점점 지능화 · 소형화 · 저
가격화를 지향할 것이고, 거기에 맞춰 적용분야도 지금
의 기계와 기기 중심에서 일상용품 중심으로 확대될 것이
다. 또한 궁극적으로는 환경 중심으로 확산되어 나아갈
것이다.

유비쿼터스의 진화를 크게 6단계로 구분한다면, 지금
우리는 자동차나 가전제품에 초소형 연산처리장치(MPU)
를 장착하던 1단계를 거쳐, 휴대전화의 보급과 더불어 모
바일 기기로 확대되던 2단계를 지나, 면도기나 의류 등
일상 생활용품에 RFID칩 같은 센서가 내장되는 3단계 과
정에 진입해 있다.

앞으로 입는 컴퓨팅 기기들이 본격적으로 등장하는 4단

단계	구분	내용
1단계	기기들의 지능화	자동차나 전자제품에 MPU 내재화
2단계	기기들의 모바일화	휴대전화, PDA 등 휴대형 정보기기 보급확대
3단계	일상용품에 내재화	면도기, 의류 등 생활용품에 RFID 등 센서 내재화→일상용품의 지능화
4단계	착용형 기기화	옷이나 안경에 착용하여 휴대에 따른 부담감 해소
5단계	생활공간에 내재화	생활공간에 센서와 컴퓨팅 기기 내재화
6단계	완전한 유비쿼터스화	환경+사람+사물이 유기적이고 끊김 없는 유비쿼터스 네트워크 구축

계 진화 과정을 거쳐, 생활공간에 센서와 컴퓨팅 기기가 내장되기 시작하는 5단계 진화 과정에 들어설 것이다. 그렇게 되면 사람과 사물과 컴퓨터가 유기적이고 '끊김 없는(Seamless)' 네트워크를 구성하는 최종 단계의 유비쿼터스 시대가 열릴 것이다. 이것을 표로 정리하면 위와 같다.

유비쿼터스 비즈니스 전망

이상에서 살펴본 유비쿼터스 관련 기술 발전과 비즈니

스 환경 변화를 바탕으로 하여 유비쿼터스 비즈니스는 향후 다음과 같은 몇 가지 분야를 중심으로 전개되어 나아갈 것으로 전망된다. 그에 따라 새로운 관련 산업들이 출현하고 많은 기업들이 시장 주도권을 놓고 치열하게 경쟁을 벌일 것이다.

1. 기술개발 분야

유비쿼터스 컴퓨팅과 네트워크 구현에 필요한 각종 기술적 표준을 제공하는 업체들이 등장할 것이다. 현재 이 분야는 기술적 표준을 따내기 위해 관련 업체들 사이에 보이지 않는 경쟁이 뜨거워지고 있으며, 개별 기업보다는 주로 연구기관이 주도하거나 컨소시엄의 형태로 기술개발이 이루어지고 있다. 장기적인 관점에서 보면 보안과 인증 분야에서 기술주도업체가 등장할 것으로 예상된다.

2. 부품제조 분야

이 분야는 본격적인 유비쿼터스 사회에 진입하게 되면 수요가 기하급수적으로 증가할 것으로 예상된다. 특히 센서, 프로세서, 네트워크 부품 관련 제조업체들이 시장에 속속 참여할 것으로 전망된다. RFID칩이 상용화되기 위해서는 반드시 센서가격이 인하되어야 하며, 워낙 광범위하게 적용될 것이므로 부품 자체에서 얻는 수익보다는 그로부터 발생할 여타 다른 분야로 부가가치가 확산되는 효과가 훨씬 더 클 것으로 기대되기도 한다.

3. 제품 및 시스템 생산 분야

유비쿼터스 기능을 수행하는 제품이나 전용 단말기, 네트워크 장비, RFID태그 리더기, 기타 각종 고정형 정보단말기, 개인용 휴대정보단말기, 지능형 디스플레이 등을 생산하는 업체들이 새로운 시장을 형성할 것이다.

4. 시스템 통합(SI) 분야

부품, 제품, 시스템 등을 연결하여 하나의 통합환경을 제공하는 기업들이 비즈니스를 활발하게 전개할 것이다. 고객 회사의 요구사항에 맞춰 기기와 소프트웨어를 구축하는 SI전문기업이나 IT 컨설팅 기업들이 시장을 주도해 나갈 것으로 보이며, 특히 SI분야는 차별화가 비교적 용이해 다른 분야에 비해 상대적으로 고부가가치 창출이 기대되는 분야이기도 하다.

5. 부가 콘텐츠 생산 분야

이는 유비쿼터스 환경에서 장기적으로 부가가치가 가장 높을 것으로 기대되는 분야이기도 하다. 특히 부가 서비스 개발은 고객과 아주 근접한 거리에서 고객의 다양한 원츠(Wants)를 반영한 수많은 부가 콘텐츠 개발업체들이 시장 점유를 놓고 각축전을 치열하게 벌일 것으로 예상된다.

영역별 핵심 비즈니스 선정

다음 표는 유비쿼터스 시대 비즈니스 전망을 토대로 하여 영역별 핵심 비즈니스를 선정해본 것이다. 물론 이밖에도 무수히 많은 사업 아이템이 등장하겠지만, 적어도 현재 시점에서 볼 때 가시적으로 시장에 출현할 가능성이 높은 분야를 중심으로 간추려 본 것이다.

또한 해바라기 모양의 그림은 이제까지 살펴본 유비쿼터스 컴퓨팅/네트워크를 토양으로 하여 다섯 가지 핵심 기술의 줄기에서 다섯 가지 비즈니스 분야가 중요한 가지를 형성해나가고 그 위에서 9개 핵심 비즈니스 영역이 꽃

구분	핵심 비즈니스
U - 모바일	DMB, WiBro, IPv6, 화상통화, RFID폰, MP3폰, 원폰, 지문인식폰, 어금니폰, PDA, 모바일 뱅킹
텔레매틱스	ITS, BIS/BMS, LBS, 지능형 단말기, 지능형 타이어
홈 네트워크	디지털 텔레비전, PDP, VOD, 지능형 냉장고 등 각종 지능형 디스플레이, 홍채인식기, 로봇 도우미, 쌍방향 홈쇼핑, 홈뱅킹, 네트워크 게임, 원격 제어, 원격 검침, 맞춤형 원격의료, 방범과 방재
지능형 로봇	가정 · 사무실 · 산업용 · 의료 · 군사 · 감식 · 위험물 처리 등 로봇 제조 및 소프트웨어
헬스 케어	캡슐형 PC, 먹는 PC, 손목시계형 PC, 지능형 운동기기, 건강 측정 센서, 건강 감지 센서, 위치 인식 단말기
U - 러닝	교육 프로그램 제공 서비스, 교육 지원 서비스, 콘텐츠 개발과 제공, PDA · 스마트폰 등 단말기, e-페이퍼, e-잉크
사회간접자본	도로, 항만, 교량, 철도, 통신, 상하수도, 오폐수 처리, 폐기물 처리 등의 모니터링 시스템, 센서와 센서 네트워크 구축
물류/유통	RFID칩, RFID 리더기, 지능형 센서, 스마트 라벨
엔터테인먼트	네트워크 게임, 각종 콘텐츠와 부가 콘텐츠 개발

을 피운다는 것을 상징적으로 표현한 것이다.

마케팅 패러다임의 변화

유비쿼터스 컴퓨팅/네트워크 기술이 경제 전반으로 점차 확산됨에 따라 마케팅 전략에도 상당한 변화가 불가피

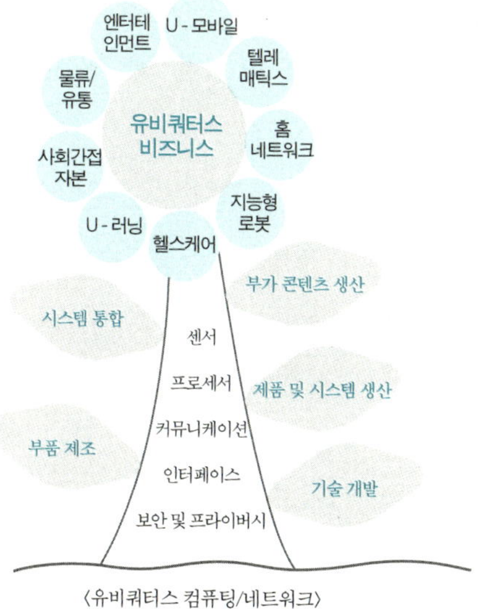

〈유비쿼터스 컴퓨팅/네트워크〉

할 것으로 보인다. 몇 가지 주목해야 할 마케팅 트렌드를 간추려보면 다음과 같다.

첫째, '콘텍스트 마케팅'이 성행할 것이다. 콘텍스트 마케팅(Context Marketing)이란 '상황인식 마케팅'이라고도 하는데, 소비자의 욕구가 발생하는 시점을 정확히 파악하여 구매와 연결시킴으로써 마케팅 효과를 극대화하려는 전략이다.

이는 각종 센서 기술의 발달로 소비자의 구매 습관상의

특성(장소, 행위, 시간 등)을 실시간으로 파악하여 그때그때 상황에 적합한 상품이나 서비스를 제안하는 방식이다. 예를 들어 내가 길을 걷거나 버스를 타고 이동할 경우 휴대단말기에 실시간으로 주변에 있는 쇼핑센터의 세일 품목과 할인율에 관한 정보를 알려주거나, 주변 레스토랑의 메뉴와 가격 관련 정보를 제공해주는 식이다.

그렇게 함으로써 소비자는 적시에 필요한 정보를 얻게 되어 편안하게 필요한 것을 구매할 수 있는 이점이 있고, 공급자는 맞춤식 광고 전략으로 소비자별로 차별적인 마케팅을 구현하여 광고비용을 절감하고 효율적으로 매출을 올릴 수 있는 장점이 있다.

둘째, '벤치마크 마케팅'의 등장을 꼽을 수 있다. 벤치마크 마케팅(Benchmark Marketing)이란 각 분야의 여론 주도층을 지원하고 그들의 조언이나 상품 평가 의견을 벤치마킹 대상으로 제공함으로써 소비자의 구매 욕구를 활성화하려는 전략을 말한다. 이는 특히 엄청난 정보의 홍수 속에서 개별 소비자들이 상품에 대한 믿을 만한 정보를 구하기 어려운 상황에서 여론 주도층의 의견을 벤치마킹함으로써 구매와 연결할 수 있다는 점에서 주목할 만하다.

셋째, '프로슈머 마케팅'이 활발하게 전개될 것이다.

프로슈머 마케팅(Prosumer Marketing)이란 소비자가 제품의 기획 단계에서부터 개발·생산·유통 단계에 이르기까지 광범위하게 참여함으로써 소비자이면서 동시에 생산자 역할을 병행하는 마케팅을 말한다.

여기서 말하는 '프로슈머(Prosumer)' 는 1980년에 앨빈 토플러가 『제3의 물결』에서 생산자(Producer)와 소비자(Consumer) 역할을 동시에 수행하는 주체로서 프로슈머의 출현을 예견하면서부터 관심을 모으기 시작한 '21세기의 소비자' 를 말한다.

프로슈머 마케팅이 활발하게 진행되면 생산자로서는 고객이 생산 과정에 참여하도록 적극적으로 유도하여 특정 제품에 대한 고객의 관심을 고조시키고 충성도가 높은 고객을 확보함과 동시에 소비자의 취향을 고려한 좀더 고객 지향적인 마케팅을 전개할 수 있다는 점 등 여러 가지 장점이 있다.

한편 소비자로서도 제품의 생산과 유통 과정에 직접 참여함으로써 자기실현 욕구를 충족함과 더불어 기여도에 따라 로열티를 받을 수 있는 이중의 매력을 지니고 있기도 하다. 이와 같은 소비자 참여형 마케팅 전략은 쌍방향 커뮤니케이션이 보편화될 유비쿼터스 시대에는 매우 일상적인 관행으로 자리 잡을 가능성이 상당히 많다.

넷째, '콘시어지 마케팅'의 등장을 들 수 있다. 콘시어지 마케팅(Concierge Marketing)은 일종의 '최적 고객지향마케팅'의 개념으로, 유비쿼터스 네트워크와 바이오칩, 센서, 에이전트 시스템 등을 이용해 건강관리, 미용, 쇼핑, 취미, 안전, 교육, 간호, 비만관리 등을 서비스함으로써 개인의 특성과 요구를 최대로 실현해줄 수 있는 마케팅 기법을 말한다.

유비쿼터스 서비스의 핵심은 상황에 따라서 최적화된 서비스를 제공하는 것이다. 그런데 예를 들어 지하철 노선도를 찾아서 어디를 가려고 하는데 지하철의 준공연도나 제작업체가 뜬다든지 유사시 대피 요령 같은 불필요한 정보들이 제공된다면 별 의미가 없다. 지하철 노선도가 나오고 가장 가까운 지하철역이 어디인지 알려주는 정보가 고객이 가장 원하는 정보다. 이처럼 고객과 상황에 따라서 차별화된 서비스를 제공하는 콘시어지 마케팅 방식이 도입되는 것은 매우 당연한 현상이 될 것이다.

5장

유비쿼터스와 직업의 미래

유비쿼터스와 직업의 미래

직장인의 현주소

2005년 7월 현재 공무원 시험, 각종 고시, 입사시험 등을 준비하고 있는 '취업 준비생'이 50만 명을 넘어섰다. 이들은 적극적인 구직활동을 하지 않기 때문에 실업자 통계에 포함되지 않는다.

그러나 엄연히 취직하려고 준비한다는 측면에서 보면 사실상의 실업자군에 포함된다고 볼 수 있다. 이들이 대부분 고학력의 사회 초년생들이고 보면 피부로 느끼는 우리나라의 청년실업률은 통계수치 이상의 심각성을 안고 있다.

130

천신만고 끝에 취업했다 해도 첫 직장에 재직하는 기간은 평균 2년을 넘지 못하는 것으로 조사되었다. 그런가 하면 직장인의 약 80%는 기회가 된다면 직장을 옮기기를 희망한다. 그런데도 떠나지 못하는 이유는 주로 돈 때문이다. 당장이라도 지금의 직장에서 나가고 싶지만, 마땅한 대안이 없기 때문에 그냥 눌러앉아 있는 것이다.

지금 하는 일이 썩 내키지는 않지만 먹고사는 문제 때문에 마지못해 한다는 것은 당사자나 회사에게 다같이 불행한 일이 아닐 수 없다. 그래서인지 직장인들의 행복지수는 매우 낮다. 직장인 10명 가운데 1명만이 현재의 직장생활에 만족하고 있다는 설문조사 결과가 이를 뒷받침한다.

한편 한 조사에 따르면 직장인들은 평균 53세에 일자리에서 완전히 은퇴하며, 정년까지 근무하는 비율은 전체 직장인의 11%에 지나지 않는 것으로 나타났다. 직장인 10명 가운데 1명만이 정년까지 일자리를 유지한다는 것은 절대 다수의 직장인들이 정년퇴임 이전에 이미 직장을 떠나 자영업 같은 다른 성격의 일에 종사하고 있다는 것을 의미한다.

그러나 수많은 창업자들 가운데 성공할 수 있는 확률은

10%에도 미치지 못한다. 그 이유는 대부분의 창업자들이 사전에 충분히 준비하지 못한 채 성급하게 창업 전선에 뛰어들다 보니 주로 '먹고 마시고 노는' 직종으로 몰리기 때문이다. 자연히 시장은 초과공급 상태가 되어 경쟁력을 갖추지 못한 고만고만한 영세자영업자들이 사업 실패의 고배를 마시지 않으면 안 되는 딱한 처지에 놓이게 되는 것이다.

이제 우리 사회에서 남 밑에서 정년 때까지 일하면서 경제문제를 해결하던 시대는 점점 가고 있다. 미래사회에는 남의 일이 아니라 자신의 일을 하고 그에 상응한 경제적 보상을 받으려고 하는 소위 '1인 기업가' 들이 대거 탄생할 것이다. 그러나 1인 기업가로서 성공하기 위해서는 남들과 차별화할 수 있는 전문성을 갖추지 않으면 안 된다.

그런 의미에서 볼 때 지금은 본격적인 유비쿼터스 사회의 도래를 앞두고 자신의 향후 직업 선택과 관련하여 냉철하게 진단하고, 필요하다면 적절한 처방을 내리려고 노력하는 자세가 절실히 필요한 때다.

직업의 흥망성쇠

우리 주변에는 무수히 많은 직업이 있다. 『한국직업사전』에 따르면 2003년 현재 우리나라에는 약 1만 2천여 종의 직업이 존재한다. 전 세계적으로 보면 10만여 종의 직업이 존재한다. 지금 이 시간에도 지구촌 어디에선가는 새로운 직업이 탄생하기도 하고 기존에 있던 직업이 사라지기도 한다.

직업은 살아 있는 생명체 같아서 끊임없이 변화하며 진화를 거듭한다. 한때는 그렇게도 많은 사람들이 하려 했던 일거리들이 시대의 변화와 함께 무대 뒤로 사라지는가 하면, 전혀 상상할 수도 없었던 일들이 등장하여 사람들의 뜨거운 시선을 한몸에 받고 있다.

1945년 해방 이후 미군정이 실시되고 있을 때 사무실에서 서류를 작성하는 타이피스트는 보수에서나 근무 환경에서 여성들에게 단연 최고의 직업이었다. 1970년대까지만 해도 버스 안내양은 여성들이 선택할 수 있는 그리 많지 않은 직업 가운데 하나였다. 2000년대 들어 고속열차가 등장하면서 이제는 KTX 여승무원이 매력적인 직업으로 떠오르고 있다. 이들은 명멸하는 직업의 극히 몇 가지

사례에 지나지 않는다.

공업화 전략과 함께 한때는 기계나 엔진을 다루는 기술자들이 인기있더니, 1970년대 후반에는 중동건설 붐을 타고 건축·토목계열 졸업생들이 인기가 있었다. 대학들은 앞다퉈 공학계열 입학 정원을 늘렸다. 그러나 요즘 들어 공과대학 졸업생들은 그 어느 때보다도 어려워진 취업 전선에서 악전고투를 거듭하고 있다.

1960년대에는 주산학원이, 1970년대에는 타자학원이, 1980년대에는 컴퓨터학원이 시대의 조류를 타고 부침을 거듭했다. 1980년대까지만 해도 그다지 선호도가 높지 않았던 교사와 공무원은 1990년대 후반에 터진 외환위기

이후 최고의 인기 직종으로 떠올랐다. 지금도 대한민국의 많은 젊은이들이 공무원 시험을 준비하느라 여념이 없다.

이처럼 공무원이 인기직종 가운데 하나로 부상하게 된 이유는 두말 할 필요도 없이 갈수록 취업하기가 어려운 데다가 겨우 들어간 직장도 언제 나와야 할지 알 수 없을 정도로 직업의 미래가 불투명하기 때문이다. 미래의 불확실성이 높을수록 일단 들어가기만 하면 정년이 보장되는 공무원 같은 직장은 일자리를 구하려는 사람들에게는 선망의 대상이 될 수밖에 없다.

그러나 이럴 때일수록 우리가 분명히 짚고 넘어가야 할 것이 있다. 직업을 선택할 때는, 조건이 좋은 일자리가 나타나면 억지로라도 자신을 거기에 맞춰 나가는 것이 좋을지, 아니면 자신의 역량과 흥미에 적합한 직업을 선택하는 것이 좋을지, 직업에 대한 자신의 가치관을 먼저 정립하고 난 다음에 직업 전선에 본격적으로 뛰어들어야 한다는 사실이다.

지금과 같은 추이대로라면 일반적으로 직장인은 평균 다섯 번 정도 직장을 옮겨 다닐 것으로 예상된다. 이럴 때일수록 자신의 직업관이 확고하지 않으면 일자리를 찾아

전전긍긍하며 살아가는 사람들이 점점 많아질 것이다. 더욱이 직업 세계에 많은 변화를 몰고 올 유비쿼터스 시대에는 자신의 분명한 직업관이 서 있지 않으면 자칫 '직업 유랑민' 신세를 벗어나기 어려울지도 모른다.

유비쿼터스 시대의 직업관

섬은 바다를 사이에 두고 육지와 저만큼 떨어져 있다. 그 섬과 육지를 연결해주는 것은 여객선이다. 배는 육지와 섬을 오가며 사람과 사람, 물건과 소식, 만남과 이별의 사연을 실어 나른다. 그런데 육지와 섬 사이에 다리가 놓이면 사정은 완전히 달라진다. 사람들은 이제 여객선이 오기를 기다리지 않아도 된다. 그 대신 섬과 육지를 연결하는 버스가 종일 다리 위를 누비고 다닌다.

장구한 세월 배와 함께 살아온 섬사람들의 삶은 다리 하나가 놓임으로써 완전히 달라진다. 배를 이용해 섬과 육지를 연결해주며 생계를 유지하던 사람들은 이제 할 일이 없어지고, 그 자리를 대신해 새로운 일자리를 챙긴 사람들이 분주히 다리 사이를 오간다. 어디든 변화의 바람이 불면 그 바람결을 따라 흥망성쇠가 같이 춤을 추게 마련이다.

유비쿼터스는 섬과 육지를 연결하는 다리 같은 일을 한다. 온라인과 오프라인을 연결하고 현실공간과 가상공간을 이어준다. 그리하여 따로 떨어져 있던 세상의 모든 것을 하나로 연결해준다. 그에 따라 일자리에도 부침이 많이 있을 것이다. 이것은 누구도 거역할 수 없는 시대적 대세다.

따라서 이제 막 시작된 유비쿼터스혁명은 생활혁명과 비즈니스혁명뿐만 아니라 직업의 세계에도 엄청난 혁명의 바람을 몰고 올 것이다. 우리는 유비쿼터스 이후 직업의 변화에 대해 지금부터 예의주시하고 준비해야 한다. 그렇게 하지 않으면 결국 자신이 변화의 희생자가 되고 말지도 모르기 때문이다.

그렇다면 미래의 직업세계에 어떻게 임해야 할까? 우선 직업선택에 앞서 꼭 염두에 두어야 할 몇 가지 체크 포인트가 있다.

첫째, 직장이 아니라 직업의 관점에서 접근해야 한다. 이제는 '어디에서 일을 하느냐' 가 중요한 게 아니라 '무슨 일을 하느냐' 가 중요한 시대가 되었다. 일하는 장소가

회사이든 집이든, 규모가 크든 작든, 현실공간이든 가상
공간이든, 혼자서 일하든 여럿이 함께 일하든 하는 일의
내용이 무엇이냐가 가장 중요한 핵심으로 떠오르고 있는
것이다.

둘째, 인간의 노동력을 대체할 수 있는 곳에는 될 수 있
는 대로 가지 말아야 한다. 머지않은 장래에 RFID칩이 상
용화되기 시작하면 대형 마트에서 바코드를 검색하거나
상품을 진열하고 재고를 파악하는 종업원들의 일거리는
점차 사라지게 될 것이다. 현재 컴퓨터 관련 업종에 종사
하는 수많은 인력은 컴퓨터가 생활환경 속에 스며들고 심
어지는 단계에 이르면 대량 실직의 위험에 빠지게 된다.
지금까지도 그래왔지만 갈수록 지능화되는 기계와 컴퓨
터는 과거 인간만이 할 수 있었던 일의 영역을 집요하게
파고들며 잠식해나갈 것이다.

셋째, 자신의 적성과 궁합이 잘 맞는 일을 해야 한다.
자신의 적성에 맞는 일만 골라서 하려고 하다가는 굶어죽
기 딱 좋은 세상이라고 푸념을 늘어놓는 사람들도 있을
것이다. 그런데 역으로 한 번 생각해보자. 굶어죽지 않겠
다고 자신의 적성과는 상관없이 이 일거리 저 일거리 전
전하며 일하는 사람치고 경제적 궁핍에서 벗어날 수 있는

확률은 매우 낮다.

　유비쿼터스 시대에는 시간이 가면 갈수록 자신이 좋아서 일을 하는 사람과 그저 먹고살려고 일자리를 찾는 사람의 경제적 격차는 더욱 벌어질 것이다. 그러므로 우리는 이쯤에서 미래사회와 자신의 직업 선택에 대해 진지하게 성찰하고 새롭게 출발하려는 마인드를 갖는 것이 중요하다.

유망직업은 있나

　어떤 일을 열심히 하는 것은 대단히 중요하다. 그러나 더 중요한 것이 있다. 열심히 하기 전에 무엇을 열심히 할 것인지 분명히 알고 해야 한다는 것이다. 이미 세상은 과거와 많이 달라져 있다. 새로운 시대가 요구하고 필요로 하는 흐름과 물결을 탈 줄 알아야 한다.

　과거 인간의 노동력으로 해결해야 했던 많은 일들이 이제 사람의 손과 머리를 필요로 하지 않고 있다. 기계화·자동화·디지털화를 넘어서서 유비쿼터스화는 노동현장에서 가히 '노동혁명'이라고 표현해야 어울릴 정도로 엄청난 변화를 몰고 왔다.

이제는 단순히 성실하게 일하는 것만이 미덕인 시대가 아니다. 시대의 추이를 이해하고 시대의 흐름에 맞도록 필요하다면 스스로 과감하게 개혁하지 않으면 안 된다.

지금 이 시간에도 숱하게 많은 직업이 사라지고 또 등장한다. 일의 세계에도 예상보다 훨씬 빠른 속도로 변화의 해일이 밀어닥치고 있다. 10년 전만 해도 인기 절정이던 직업이 이제 사람들의 흥미와 관심을 끌지 못한다. 그런가 하면 생전 들어보지도 못한 희한한 이름의 직업이 하루가 다르게 출현하고 있다.

우리 사회에 '유망직업'은 있는가? 신문이나 직업 관련 정보지를 훑어보면 온통 미래의 유망직업을 소개하고 추천하는 기사들로 넘쳐난다. 대도시의 학원가는 더 늦기 전에 그런 유망직업에 필요한 자격증을 준비하라고 구직자들을 유혹한다.

그렇다면 도대체 어떤 직업이 유망직업인가? 혹시 빠르게 변화하는 사회에서 일시적으로 떠오르는 '유행직업'을 유망직업으로 착각하고 있는 것은 아닐까? 미래사회에서 유망직업은 없다. 오직 세월 따라 수시로 변하는 수많은 유행직업이 존재할 뿐이다.

유일한 유망직업이 있다면 그것은 자신이 하고 싶고 가

장 잘할 수 있는 일에 지속적으로 시간과 노력을 투자하여 전문성을 높여 갈 수 있는 그런 일이다. 고객에게서 사랑을 받을 수 있는 '똑 소리 나게 잘하는' 일만 있다면, 어떤 분야의 일이 되었든 그것은 평생 유망직업이 될 수 있다.

그 일은 농사일 수도 있고, 채소 장사일 수도 있으며, 프로게이머일 수도 있고, 미술치료사일 수도 있다. 시대가 요구하는 유행에 자신을 맞추려고 하지 말고, 자신의 확실한 아성을 구축하기 위해 탄탄한 토대를 다지는 것이 오히려 현명한 직업선택이다.

그 어느 때보다도 직업의 방향을 잘 잡는 것이 중요한 시대다. 우리는 사다리를 빨리 오르는 것이 최선이 아니라 제대로 된 사다리를 오르는 것이 최선의 선택인 시대를 살아가고 있다.

사다리를 놓는 이유는 목적지로 올라가기 위함이다. 그런데 빨리 올라가는 일에만 정신이 팔려서 가려는 곳에 사다리를 제대로 놓았는지 살펴보지도 않고 허겁지겁 올라가려는 사람들이 많다. 그렇게 해서 숨 가쁘게 도착한 그곳이 자신이 원래 가려고 했던 곳이 아니라면 빠르다는 것이 도대체 무슨 의미가 있단 말인가!

지금 우리는 혹시 스케이트장에 가서 물고기를 낚겠다

고 땀을 흘리고 있는 것은 아닌지 자신을 되돌아볼 필요가 있다. 고기를 낚기 위해서는 낚시터에 가야 한다. 엉뚱한 곳에 낚싯대를 걸치고 대어가 물리기를 아무리 기다려 봐도 아까운 세월만 다 간다. 물이 좋은 곳이 어디인지 먼저 제대로 확인하고 난 다음에 낚싯대를 드리우자. 그래도 늦지 않을 만큼 시간과 고기는 충분히 있다.

타이어를 갈아끼워라

우리나라 사람들의 평균수명이 지금처럼 길어진 것은 그리 오래되지 않았다. 조선시대까지만 해도 평균수명이 20세였다. 지금의 시각으로 보면 이해가 되지 않겠지만, 영아나 유아의 사망률이 워낙 높았고, 전염병이 창궐했으며, 천재지변이 속출했던 당시로 보면 충분히 그럴 수도 있었을 것이라는 생각이 든다. 심지어 처음으로 인구통계를 냈던 1926년만 해도 우리나라 사람들의 평균수명은 33.7세였으니 말이다.

그런데 얼마 전 유엔이 발표한 '주요 국가 평균수명 추이'를 보면 2005년 현재 우리나라 사람들의 평균수명은

78세다. 2020년에는 81세로 일본에 이어 세계 2위의 장수국가가 될 것으로 전망한다. 미래의 의료기술은 지금과는 비교가 되지 않을 정도로 발달할 것이고, 그에 따라 평균수명 또한 현저히 늘어날 것으로 예상된다. 어쩌면 우리 시대를 살아가는 사람들 가운데 상당수가 90세 이상 장수하게 될지도 모른다.

그러나 갈수록 길어지는 수명에 비해 노동현장에서 은퇴하는 연령은 점점 낮아지고 있다. '오륙도'니 '사오정'이니 하는 노동시장의 은어들은 갈수록 짧아지는 퇴직연령을 상징적으로 나타내는 유행어들이다. 다행히 노후가 충분히 준비되어 있다면 몰라도, 50대 초반이나 40대 후반에 현직에서 물러나서 남은 30년 이상의 세월을 특별히 하는 일 없이 '웰빙 라이프'만 즐기기에는 여건이 그리 호락호락하지 않다.

유비쿼터스 시대를 살아가는 모든 사람들은 지금의 나이가 많든 적든, 직업이 안정적이든 불안하든, 현직에서 물러난 이후에 맞이하게 될 '제2의 인생' 또는 '인생의 후반전'에 대비해야 한다. 은퇴를 뜻하는 영어단어 'Retire'는 '타이어를 다시 갈아끼우다'는 뜻이다. 다만 지금 노동현장에서 물러난다는 말이지 일의 세계를 아예 떠난다는 뜻이 아닌 것이다.

그동안 열심히 달리느라 마모된 헌 타이어를 새 타이어로 교환하고 새롭게 출발하자는 것이 인생의 후반전이 갖는 진정한 의미다. 우리에게는 언젠가 인생의 후반전이 다가올 것이다. 그러나 준비하지 않은 채로 인생의 후반전을 맞이하면 전반전과 하나도 달라지지 않은 삶이 기다릴 것이다.

시대는 지금 우리 모두에게 각자 타이어를 갈아끼울 것을 요구하고 있다. 유비쿼터스 세상을 달릴 도로는 그 이전 시대의 도로와는 여건이 많이 다르기 때문에, 새롭게 타이어를 교환하든지 아니면 최소한 지금 끼우고 있는 타이어를 점검하고 공기압을 보충할 것을 요구한다.

지금 당신의 일자리는 안전한가? 그러나 너무 안심하지는 말아야 한다. 지금 잘나가고 있고 앞으로도 잘나갈 것이라고 굳게 믿고 있는 그 어떤 것도 10년 후에는 한낱 휴지조각에 지나지 않을지 모르기 때문이다. 그만큼 미래 사회는 과거의 많은 것들을 바꿔놓을 것이다.

그러므로 지금 안정된 삶을 살고 있다면 그것을 유지하기 위해서라도 더욱 깨어 있어야 한다. 만일 지금 별로 가진 것도 없고 안정된 삶도 누리지 못한다면 지금처럼 좋은 기회도 없을 것이다. 모질게 마음먹고 야무지게 준비하고 실천한다면 못할 것이 하나도 없는 것이 우리의 미래다.

'인생에서 가장 큰 위험은 자신에게 투자하지 않는 것'임을 명심하고, 장기적인 차원에서 직업에 대한 새로운 가치관과 전략을 가지고 유비쿼터스 시대를 맞이해야 할 것이다.

일과 보수의 역학관계

이 세상에 존재하는 수만 가지 일 가운데는 하고 싶은 일도 있고 하기 싫은 일도 있다. 또한 잘할 수 있는 일이 있는가 하면, 도무지 능력이 안 되어 잘하기 어려운 일도 있다. 이때 하고 싶은 일이란 마음속에서 분출되어 나오는 자신의 열정과 관계가 있고, 잘할 수 있는 일이란 그 일을 해낼 수 있는 자신의 역량과 관계가 있다.

다음에 나오는 표는 일의 성과에 결정적인 영향을 미치는 열정과 역량을 조합해 일과 보수의 상관관계를 네 가지 유형으로 분류한 것이다. 우리는 이들 가운데 어디에든 속하는 일을 하면서 살아간다. 표를 보면서 자신이 지금 하는 일은 어떤 유형에 속하는지 진단해보기 바란다.

첫째, 하고 싶고 잘하는 일을 한다는 것은 열정과 역량이 모두 갖춰져 있다는 의미이므로, 정신적 보상이 높고 경제적 보상 또한 높은 것이 일반적이다. 가장 이상적인 직업선택의 기준은 자신의 열정과 역량을 충분히 고려하여 정신적·경제적 만족을 얻을 수 있는 일을 하는 것이다. 그러나 특수한 경우를 제외하고는 하고 싶고 잘하는 일을 처음부터 만날 수는 없다. 한동안 시행착오와 고된 난관을 거쳐 비로소 어떤 분야의 탁월한 실력자로 거듭나는 것이다.

둘째, 잘하기는 하지만 하기 싫은 일을 하는 경우다. 이때는 역량이나 능력은 갖추고 있지만 그 일에서 열정이

일과 보수의 역학관계

	하고싶은 일	하기 싫은 일
잘하는 일	■ 열정(O), 역량(O) ■ 정신적 보상(↑) ■ 경제적 보상(↑)	■ 열정(X), 역량(O) ■ 정신적 보상(↓) ■ 경제적 보상(↑)
잘 못하는 일	■ 열정(O), 역량(X) ■ 정신적 보상(↑) ■ 경제적 보상(↓)	■ 열정(X), 역량(X) ■ 정신적 보상(↓) ■ 경제적 보상(↓)

뿜어져 나오지 않는다. 그러므로 역량은 갖추고 있기 때문에 경제적 보상은 뒤따를지 모르나 정신적 보상은 그에 이르지 못한다. 이는 특히 학교 성적이 좋아 고소득이 보장되는 인기학과에 진학하고 대학졸업 후 해당 분야에 무난히 진입하는 사람들 중에서 흔히 볼 수 있는 유형이다. 아무리 보수를 많이 받는다 할지라도 그 일에서 흥미나 열정이 나오지 않는다면 돈벌이와는 무관하게 정신적 만족도는 낮을 수밖에 없다.

셋째, 하고는 싶지만 잘하지 못하는 경우다. 다시 말해서 열정은 누구 못지않게 있지만, 현재 수준에서 그 일을 잘 해내지는 못하는 경우다. 이때 내면에서 샘솟는 열정의 에너지를 무기로 삼아 꾸준히 그 일에 정진하면, 비록 지금 당장은 경제적 보상이 따르지 않는다 할지라두 시간이 가면서 점점 그 일에 눈을 뜨게 되고 전문성을 갖추게 됨에 따라 경제적 보상도 뒤따르는 것이 일반적이다.

하고 싶고 잘하는 일에서 정신적·경제적 만족을 얻는 사람들도 처음부터 그렇게 했던 것은 아니다. 그들 가운데 대부분은 처음에는 잘하지 못했던 세계에서 열정적으로 일했기 때문에 결국 다른 사람과는 차별화되는 전문성을 갖출 수 있었고 그에 합당한 경제적 보상이 주어졌던 것이다.

넷째, 하기도 싫고 잘하지도 못하는 일을 하는 경우다. 이때는 열정도 없고 역량도 뒤따르지 않기 때문에 정신적 만족감도 떨어지고 경제적 보상도 변변치 못하다. 그렇게 되면 당연히 일을 통해 추구할 수 있는 정신적·물질적 보상이 낮을 수밖에 없다. 이것은 누구도 바라지 않는 성격의 일이지만 안타깝게도 오늘날 많은 사람들이 이와 같은 네 번째 유형의 일을 하면서 미래가 보이지 않는 불안하고 막막한 삶을 살아가고 있다.

🏺 일에 자신이 없는 이유

지금 자신이 몸담고 있는 일의 앞날에 대해 걱정하는 사람들이 많다. 지금 하는 일은 아무리 봐도 미래가 없어 보인다고 한숨짓는 사람들도 있다. 이들 중에는 앞에서 말한 네 번째 유형에 속하는 일을 하는 사람들이 많다.

본격적인 유비쿼터스 시대를 앞두고 현재 자신이 하는 일이 장기적인 관점에서 볼 때 과연 경쟁력이 있는지 노심초사하는 사람들이 점점 많아지고 있다. 그러다 보니 지금 하는 일에 정진하기보다는 안절부절못하고 불안해한다. 그럴수록 그 일의 핵심에 접근하지 못하고 주변만을 서성거리기 때문에 일의 성숙도에서 늘 비슷한 수준을 벗어나지 못한다.

그러므로 그 일의 미래가 보이지 않는다는 것은 어떻게 보면 아직 그 일의 핵심에 다가가지 못했다는 반증이기도 하다. 대부분의 경우 어떤 일에 정통하고 새로운 경지에 다다르게 되면 그 일을 보는 눈이 밝아지고, 그 일의 미래가 곧 자신에게 달려 있음을 깨닫게 된다. 그 단계에 이르면 자신이 직접 그 일의 세계에 새로운 길을 내고 다리를 놓아 그 일의 미래를 창조하고 개척해가는 사람으로 변신할 수 있다.

어떤 일이 되었든 그 분야에서 인정받고 아주 잘하는 수준까지 오르려면 타고난 역량과 함께 피나는 노력이 따라야 한다. 자신의 일을 대하는 마음가짐에는 그 일에서만큼은 신의 경지에 도달하고야 말겠다는 비장함이 있어야 한다. 게다가 시운까지 덤으로 따른다면 그 일의 역사를 다시 쓸 만큼 출중한 성과를 거둘 수 있다.

우리는 자신의 직업에 목숨을 건 프로의 승부정신으로 임해야 한다. 누구나 할 수 있는 일을 평범한 아마추어 수준으로 하면서 보수는 프로 대접을 받으려고 한다면 어불성설도 이만저만이 아니다. 모름지기 일의 세계에서 프로가 되고 싶다면 프로답게 일하고 프로다운 대접을 받으려고 해야 한다. 남과 다른 세계를 열어갈 수 있도록 한 가지 일에 자신의 '혼이 담긴 승부'를 걸어야 하는 것이다.

일을 통해 먼저 세상에 기여하라

우리 사회가 점점 정보화 사회로 이행해갈수록 빈부격차가 심해지는 것으로 나타나고 있다. 소위 '디지털 격차(Digital Devide)'라고 부르는 소득 불평등도의 문제는 앞으로 다가올 유비쿼터스 사회에서는 더욱 커질 개연성이 높다. 거부할 수 없는 시대적 흐름 속에서 각자 자신의 미래 직업에 좀더 신중하게 접근하기 위해 노력해야 한다.

분명한 사실은 이제 성실함만을 무기로 직업과 보수의 안정성을 기대하기는 어렵게 되었다는 점이다. 세계적인 경영 컨설턴트 찰스 핸디는 '역량이란 남보다 잘한다기보다는 남과 다르게 하는 것'이라고 말한 바 있다. 그가 말하는 '남다름'이란 바꾸어 말하면 '가장 자기다움'이라는 뜻이다. 가장 자기다운 일이란 경제적인 보상이 많은가 적은가를 떠나서 '하기 싫어서 괴로운 일'이 아니라 '하고 싶어서 즐거운 일'을 의미한다.

흔히 사람들은 직업을 말할 때 그 일이 돈이 되는지 먼저 따지는 경향이 있다. 이것은 어찌 보면 매우 당연한 현상이다. 하지만 돈의 가치를 가지고 일에 접근하면 그 일을 통해서 원하는 만큼 돈이 들어오기 힘들다. 왜냐하면 돈이 되는 일은 대부분 돈이 되기 이전의 과정을 성공적으로 거쳐야만 가능하기 때문이다.

따라서 유비쿼터스 시대의 직업 선택은 눈앞의 보수만 가지고 따지려 들지 말고 자신의 열정과 역량을 종합적으로 고려하여 남과는 다른 차별화된 역량을 발휘할 수 있는 일이 무엇인지에 주안점을 두어야 한다. 자신이 하고 싶고 좋아서 하는 일을 하면서 시간이 흐르고 경륜이 쌓여감에 따라 성과가 높아지고 보수가 점점 올라가는 과정을 거쳐야 하는 것이다.

물론 "세상이 어디 나 하고 싶은 일만 하도록 가만 놔두더냐" 하고 볼멘소리를 할 수도 있다. 그런데 그렇게 말하는 사람들은 이제까지 살아오면서 한 번이라도 정말 자신이 그렇게 하고 싶은 일을 하는데 시간과 열정을 쏟아 부은 적이 있었을까?

그러므로 직업을 선택할 때는 먼저 그 일을 통해 세상에 어떻게 기여할 수 있을지 생각해야 한다. 돈부터 먼저 따지려고 하지 말고 크든 작든 그 일을 통해 세상에 얼마나 기여하고 공헌할 수 있는지 따져보고, 충분한 가치가 있다고 판단되거든 그 일에 헌신하는 것이다.

그렇게 자신이 하고 싶어서 하는 일에 열심히 헌신하면 세상에 공헌한 만큼의 대가가 경제적 보상으로 되돌아옴을 잊지 말아야 한다. 말은 그럴 듯하지만 아무리 세상에 기여해도 돈이 되지 않으면 무슨 소용이 있느냐고 반문할 수도 있다.

하지만 매사에 일의 가치를 돈으로만 따지려는 사람은 돈이 되는 일을 찾아다닌답시고 이곳저곳 전전하지만, 시간이 지나도 여전히 경제적인 궁핍에서 벗어나지 못하는 경우가 많다. 그럴 바에야 차라리 자신이 좋아하고 하고 싶어서 일을 하다 보니 정신적 만족도 얻고 보람도 느끼면서 차츰 그 일에서 인정을 받고 전문성을 키워 그에 상응한 경제적 보상으로 되돌려 받는 방식을 선택하는 것이 훨씬 효과적일 것이다.

당신이 일하는 목적은 무엇인가

우리가 삶을 살아가는 목적은 어찌 생각하면 간단하다. 하고 싶은 일을 하면서 재미있게 사는 것이다. 그 일이 얼마만큼의 유형·무형의 보상으로 돌아올 것인지와 무관하게 자신이 하고 싶은 일을 한다는 것 자체가 삶을 행복하게 만드는 비결 가운데 하나다. 이렇듯 일은 우리 삶에서 아주 큰 비중을 차지하는 활동이다.

우리는 하고 있는 일을 통해서 자신의 인생의 가치를 실현한다. 그리고 조물주는 인간 모두에게 세상을 살아가는 데 필요한 고유한 재능을 선물했다. 커다란 신체적 장애를 겪으면서도 세상을 아름답게 살아가는 송명희 시인이 자신의 시에서 얘기하듯이, '남이 보지 못한 것 보았고, 남이 듣지 못한 음성 들었고, 남이 받지 못한 사랑 받도록' 자기만의 특별한 재능을 주셨다.

그런데 오늘날 너무도 많은 사람들이 자신의 재능을 밑천 삼아 하고 싶은 일을 하면서 살아가기는커녕 먹고사는 문제를 해결하기 위하여 내키지 않는 일을 하느라 하루하루 팍팍하게 살아간다.

하루 중 활동하는 시간을 대부분 일을 하며 살아가는

데, 그 일이 마지못해 하는 일이라면 얼마나 화가 나고 또한 불행한 일이겠는가. 그것도 일시적으로 그런 것이 아니라 시간이 흘러도 개선될 기미가 보이지 않는다면, 그의 일생을 통틀어 일은 즐거운 활동이 아니라 고단한 노동일 뿐이다.

세상에 존재하는 모든 생명체는 태어나면서부터 어떻게 살아가야 할지 그 고유한 사명과 할 일을 잘 알고 있다. 사자는 태어나면서부터 맹수로서 삶을 충실히 살아간다. 지렁이는 지렁이대로 부지런히 땅을 파헤쳐 기름진 땅으로 만들어 그 위에서 수많은 화초와 다른 생명체가 풍요롭게 살아가도록 힘껏 노력한다. 길가에 피어 있는 가녀린 들꽃 한 송이도 때가 되면 자신이 연출할 수 있는 가장 아름다운 모습으로 피어나 세상에 그 존재 가치를 알린다.

그런데 유독 인간만은 본연의 사명과 할 일을 찾지 못하고 시간을 많이 허비하며 살아간다. 우리는 그럭저럭 살려고 이 세상에 온 것이 아니다. 자신에게 주어진 사명과 할 일을 제대로 인식하고 그렇게 살아가도록 최선을 다할 때 비로소 진정한 행복을 누릴 수 있다. 그리고 그것은 자신에게 딱 맞는 일을 찾아 신명나고 재미있게 해나가는 것이다.

직업 사명서를 만들라

자신의 삶을 소중하게 생각한다면, 하루하루 결코 헛되이 살 수 없다. 그런데도 '인생의 지도' 조차 준비하지 않고서 삶을 살아가는 사람들이 의외로 많다. 어디론가 여행을 떠나려고 할 때 가장 먼저 하는 일이 어디로 갈 것인지와 그곳에 어떻게 갈 수 있는지 지도를 보고 길을 알아두는 것이다.

하물며 한 번도 가본 적이 없는 미래 삶의 여정을 떠나면서 목적지도 분명하지 않고 지도마저 챙겨두지 않았다면, 만나게 될 길이 복잡하고 험난할수록 자칫 길을 잃고 한없이 헤매는 삶을 살아가기 쉽다. 유비쿼터스 시대의 직업을 둘러싼 환경은 그럴 가능성이 더욱 많다.

그러나 자신의 삶에서 사명을 찾고 꿈과 비전을 세워 목표를 향해 나아가는 생활을 실천하기가 여간 어려운 일이 아니다. 이때 자신의 인생의 길을 스스로 찾아갈 수 있도록 도와주는 안내자를 만날 수 있다면 무척 행운일 것이다.

『내 인생을 최고로 만드는 시간관리 자기관리』(정균승, 중앙경제평론사, 2005)에서는 하루가 다르게 달라지는 세상에서 어떻게 하면 일을 통해 자신의 미래를 좀더 행복하게 설계하고 좀더 가치 있는 삶을 살아갈 수 있을지 바람직한 방향을 모색해보고 자신의 적성에 맞는 직업을 찾아내어 실천할 수 있도록 하는 다양한 전략을 제시했다. 관심이 있는 독자라면 이 책을 참고해도 좋을 것이다.

직업을 갖고 일을 한다는 것은 삶에서 매우 중요한 선택이다. 그렇기 때문에 지금 하는 일이나 앞으로 하고 싶은 일에서 특별한 목적을 찾고 싶어하는 것이 모든 직업인의 바람이기도 하다. 그렇다면 그러한 자신의 소망을 담아 '직업 사명서'를 만들어볼 필요가 있다.

나의 직업 사명서

사명 : 배우고 익힌 지적 자산을 소중한 이들과 함께 나누며 세상의 행복 증진에 기여한다.

비전 : 나는 강의·저술·상담·컨설팅 분야에서 최고의 멘토이자 동기부여가이다.

활동영역

- **강의** : 국내 최정상급의 강의 서비스를 개발하고 제공한다.
- **저술** : 좋은 글을 써서 동기를 부여하고 꿈을 공유한다.
- **상담** : 삶에 어려움을 겪고 있는 이들에게 희망의 메신저가 된다.
- **컨설팅** : 자기관리·자기계발 전문가로서 가치 있는 자문을 한다.

나는 직업인으로서 위와 같은 사명을 갖고 있다. 나는

이 사명서를 대할 때마다 가슴이 설레고 힘이 솟는다. 왜 냐하면 사명서 안에는 내가 하고 싶은 모든 것이 응축되 어 있기 때문이다. 여건이 허락하는 날까지 신명을 바쳐 내가 하고 싶은 일을 통해 세상에 공헌하고 싶다.

이제 다음의 열 가지 물음에 답하면서 유비쿼터스 시대 에 맞는 자신의 직업에 대한 분명한 철학과 비전을 확립 해보자.

1. 지금 하고 있거나 또는 미래에 하고 싶은 일은 무엇 인가?

2. 그 일을 하는 이유는 무엇인가? 좋아서인가 아니면 다른 이유에서인가?

3. 그 일에서 정신적·물질직으로 얼마만큼 만족을 얻 고 있는가?

4. 그 일을 언제까지 하고 싶고, 언제까지 할 수 있다 고 생각하는가?

5. 지금부터 10년 뒤에 가장 하고 싶은 일은 무엇인가?

6. 지금 하는 일과 10년 뒤에 하는 일은 어느 정도 일 치하는가?

7. 만일 지금의 직업과 미래에 하고 싶은 일이 서로 일

치하지 않는다면, 그 간극을 어떻게 메워나갈 계획
인가?

8. 죽기 전에 꼭 해보고 싶은 일은 무엇인가?
9. 무슨 일을 할 때 가장 행복하고, 세상에 기여도 할
수 있다고 생각하는가?
10. 그 일을 하기 위해 지금 준비하고 실천해야 할 전략
들은 무엇인가?

이상 열 가지 물음에 진지하게 답하면서 자신의 직업
사명서를 완성해보기 바란다. 이때 어떠한 형식이나 틀에
얽매일 필요는 없다. 자신의 취향에 맞게 다양한 스타일
로 자신만의 직업 사명서를 완성하면 된다.

직업 사명서는 일을 하는 분명한 목적과 함께 시간이
갈수록 그 일의 세계에서 전문가의 경지에 이르도록 자신
을 고무하고 격려해주는 훌륭한 동반자의 구실을 다 할
것이다. 또한 아직 평생직업의 차원에서 자신의 천직을
찾지 못하고 있다면, 적성을 고려해 평생직업을 선택하는
데도 직업 사명서가 도움이 될 것이다. 이번 기회에 자신
의 직업 사명서를 꼭 만들어서 더욱 열정적으로 일하기를
바라는 마음 간절하다.

6장

유비쿼터스의 사회학

유비쿼터스의 사회학

네티즌에서 유티즌으로

유비쿼터스 시대의 주인공은 네티즌이라고 불리지 않을 것이다. 그렇다면 네티즌을 이어받을 차세대의 주역은 누구일까? '유티즌'이 바로 그들이다. '네티즌(Netizen =Network+Citizen)'은 가상의 전자공간을 무대로 활동한다. 이들은 인터넷에 접속해 필요한 정보를 주고받으면서 삶의 다양성을 추구해 나가는 사람들이다.

그러나 원하는 정보를 얻기 위해서는 컴퓨터가 있는 환경으로 들어가서 기기를 하나하나 조작하고 검색하지 않으면 안 된다. 네티즌이 활동하는 공간은 현실의 생활공간과는 분리된 공간이기 때문에 별도의 시간과 노력을 들이지 않으면 안 된다는 점에서 여러 가지 불편이 따른다.

반면에 '유티즌(Utizen=Ubiquitous+Netizen)'이 활동하는 공간은 현실에서 살고 있는 생활공간 그 자체다. 유티즌이 접속하는 공간은 모든 환경과 사물이 지능화되어 환경과 사물, 사물과 사물, 사물과 사람이 휴대용 단말기를 통해 서로 연결되어 있기 때문에 수시로 변하는 생활공간의 모든 정보를 원하는 만큼 실시간으로 제공받을 수 있다.

그러므로 네티즌과 유티즌이 얻는 만족감은 크게 다를 수밖에 없다. 사실 개인이 추구하는 욕구는 사람에 따라 무척 다양할 수밖에 없지만, 네티즌은 인터넷에서 정보제공자가 공급하는 획일적이고 일방직인 정보를 얻는 수준에서 만족해야 한다.

반면에 유티즌은 지능화된 환경과 사물 속에서 자신의 욕구에 맞는 서비스를 얼마든지 제공받을 수 있다. 똑같은 정보 서비스를 받더라도 네티즌은 스스로 공간과 서비스를 따라다녀야 하지만, 유티즌은 공간과 서비스가 이용자를 따라다닌다는 점에서 성격이 크게 다르다.

다음 표는 네티즌과 유티즌의 차이점을 몇 가지 관점에

네티즌과 유티즌의 비교

구분	네티즌	유티즌
정의	인터넷상의 가상공간을 무대로 필요한 정보를 주고받으며 삶의 질을 향상시키려는 사람	일상의 생활공간을 무대로 지능화된 환경과 사물에서부터 필요한 정보를 주고받으며 삶의 질을 향상시키려는 사람
활동 시기	접속(Access)하고 있을 때(물리공간과 분리됨)	생활(Living)하고 있을 때(물리공간과 일치함)
정보 이용 환경	업데이트하기 전까지는 정보의 내용이 변하지 않음	수시로 변하는 상황정보를 실시간에 신선하게 제공받음
사용 정보기기	데스크톱 PC, 노트북 PC	입거나 들고 다니는 모바일 기기
활동 공간	인터넷 쇼핑몰, 전자 도서관 등 가상공간 서비스	스마트 홈, 스마트 쇼핑몰, 스마트 도서관 등 현실 공간 서비스
욕구 충족의 조건	정보제공자에게 달려 있음	정보이용자의 욕구에 달려 있음
정보서비스 이용의 주도권	이용자가 공간과 서비스를 따라다님	공간과 서비스가 이용자를 따라다님

서 비교해본 것이다. 이번 장에서는 지금까지 정보화 시대를 주도했던 네티즌의 사회적 영향력이 지대했던 것 이상으로 유비쿼터스 사회를 이끌어갈 유티즌의 사회적 지위와 목소리 또한 막강할 것이라는 전제 아래에 이들이 사회 전반에 미칠 영향력에 대해 몇 가지 가설적인 이야기를 나눠보기로 하자.

흰개미의 생존전략

　지구 최초의 거주자들 중에 흰개미가 있었다. 약 1억 5천만 년 전에 출현한 그들이 지구에서 살아남아 번성하기에 환경은 그리 녹록하지 않았다. 작고 연약한 그들은 식욕이 왕성한 포식자들에게 더할 나위 없이 좋은 먹이였다. 많은 흰개미들이 포식자들의 식탁 위에 올랐고, 용케 목숨을 부지한 흰개미들도 언제 잡아먹힐지 모르는 풍전등화 같은 운명에 처하게 되었다.

　그들은 궁지에 몰릴 대로 몰리다가 마침내 한 가지 묘수를 찾아냈다. 혼자서 도망 다니거나 흩어져 싸우지 말고 집단으로 똘똘 뭉쳐 함께 대항함으로써 천적들의 공격에서부터 살아남고 종족을 유지해 나가기로 한 것이다.

　흰개미는 일종의 사회조직을 형성함으로써 확실한 생존방법을 찾아냈다. 흰개미들은 처음에는 가족단위의 사회를 이루었다. 알을 낳은 엄마 흰개미 주변에 모든 가족이 모여 살았다. 그러다가 가족이 불어나 촌락을 형성하고, 촌락이 커져 도시가 되었다. 그들의 생존전략은 주효했다. 흙과 모래와 나무로 이루어진 흰개미들의 도시가 1억 5천만 년이 지난 오늘날에도 지구 표면 여기저기에서

솟아오르고 있으니 말이다.

흰개미는 흙이나 나무를 침으로 뭉쳐서 집을 짓는다. 그들은 할 일에 따라 제각기 여왕개미, 암개미, 수개미, 병정개미, 일개미로 태어나 수만 마리가 하나의 집단을 이루고 살면서 사회조직을 형성한다. 특히 아프리카 초원에 사는 버섯흰개미들은 높이가 무려 4m나 되는 큰 기둥 모양의 집을 짓고 산다.

자신들의 집을 만드는 버섯흰개미의 질서정연한 집단 행동은 가히 놀랄 만하다. 개미 혼자서는 집을 지을 만한 능력이 없다. 그러나 이들이 집단으로 뭉치면 할 일이 서로 다른 흰개미들이 시너지 효과를 발휘하여 거대한 기둥 모양의 집을 지어 올리는 것이다.

네트워크 군대

따로 흩어져 있으면 보잘것없이 나약해 보이는 존재들
이 집단으로 뭉치면 훨씬 강력한 힘을 보여주는 사례를
오늘날 우리는 '네트워크 군대(Network Army)'를 통해
목격한다. 사회의 기본 구조가 크고 작은 네트워크를 중
심으로 이루어질 유비쿼터스 사회에서 떨어져 있던 개인
이 네트워크 군대라는 조직을 통해 응집된 힘을 과시하는
일은 더욱 빈번하게 일어날 것이다.

네트워크 군대란 특정한 이슈에 대한 관심의 공유를 기
반으로 주로 인터넷 네트워크를 통하여 자발적으로 결집
하는 집단을 말한다. 네트워크 군대는 공식적인 지휘체계
나 조직을 갖고 있지 않다. 또한 네트워크 군대의 무기는
총이나 미사일이 아니라 휴대전화와 문자 메시지다.

네트워크 군대의 모든 권력과 힘은 네티즌의 엄지손가
락에서 나온다. 이들이 진화하여 유티즌이 될 것이다. 네
트워크 군대는 순식간에 대군을 이루었다가 전투가 끝나

면 순식간에 해산한다.

이러한 네트워크 군대의 존재는 이미 여러 차례 목격된 바 있다. 1999년 미국의 시애틀에서는 세계무역기구(WTO) 회의에 반대하는 대규모 시위가 벌어졌다. 그들 시위대는 각국에서 모여든 농민, 노동운동가, 환경운동가 등 다양한 계층의 사람들로 구성되었다. 그들은 공식적인 지도자나 조직체계도 없었고 심지어 장기적인 전략도 마련되어 있지 않았다. 하지만 WTO가 추진하는 세계 무역 자유화에 대해 한 목소리로 반대를 외쳤으며, 결국 WTO 회의를 세계적인 이슈로 만드는 데 성공했다.

네트워크 군대의 위력은 2001년 제네바에서 열렸던 서방 8개국 정상회담인 G8회담에서도 여실히 증명되었다. 2001년에는 필리핀 마닐라에서 에스트라다 당시 필리핀 대통령이 네트워크 군대 앞에 무릎을 꿇기도 했다. 2002년 여름 한반도를 더욱 뜨겁게 달궜던 붉은 악마들의 광화문 거리 응원이나 같은 해 가을 미군 장갑차 사고로 숨진 효순·미선 양 추모 집회, 대통령 탄핵반대 촛불시위 등은 특정한 이슈에 대해 언제든지 네트워크 군대가 출동할 수 있음을 보여주는 생생한 증거다.

네트워크 군대는 미래에 시민조직의 힘이 어떤 형태로 표출될 수 있으며 얼마나 강력한 파괴력을 지니고 있는지 보여주는 한 전형이다. 그들의 의사소통은 매우 공개적이며 어떤 비밀도 없이 투명하게 공유된다. 네트워크 군대는 정치·경제·사회적 가치체계에 모순이 있다고 인식하는 순간 여지없이 출동하여 정치적·사회적 영향력을 행사한다. 그들의 영향력은 앞으로 더욱 커질 것이다.

그러나 모든 네트워크 군대가 반드시 정의의 사도는 아니라는 사실 또한 간과해서는 안 된다. 만약 네트워크 군대가 정치사회적 이슈의 핵심을 제대로 파악하지 못하고 출동하는 일이 자주 벌어지면, 사회는 큰 혼란의 소용돌이에 휩싸이기 쉽다. 네트워크 군대의 군인들이 항상 현

명하고 올바른 대안을 제시하는 대중으로 구성되는 것은
아닐 것이기 때문이다.

그렇지만 정부와 기업은 네트워크 군대를 적으로 만들
면 안 된다. 그들이 곧 '정치적 투표'를 하는 유권자들이
고, '경제적 투표'를 하는 고객들이기 때문이다. 그러기
위해서 기업은 좀더 투명하게 기업을 경영해 소비자들의
신뢰를 받아야 하고, 정부는 공정성과 도덕성으로 재무장
하여 시민사회의 지지를 이끌어내야 할 것이다.

멘탯의 등장

지금도 그렇지만 유비쿼터스 환경에서는 엄청나게 많
은 양의 정보가 쏟아져 나올 것이다. 누가 되었든 자신에
게 필요한 정보를 얻으려고 마음만 먹으면 어디서든 구할
수 있다. 더욱이 비밀 없는 유비쿼터스 세상에서 모든 정
보는 공개되어 있다. 하지만 모든 것이 공개된다고 하더
라도 모든 것을 알 수는 없는 노릇이다.

어쩌면 정보의 홍수 속에서 살아가는 우리에게 정말 긴
요한 것은 양적으로 많은 정보가 아니라 질적으로 영양가

높은 정보일 것이다. 그렇다면 그 일을 대신해줄 수 있는 존재는 없는 것일까? 있다. 바로 '멘탯(Mentat)'이 그 주인공이다.

멘탯이란 말은 프랭크 허버트가 쓴 『모래 행성』에 나오는 용어로, '생각하는 기계 인간'이라는 뜻이다. 오늘날 멘탯은 정보의 홍수시대에 나를 대신해서 정보를 찾아주고 재빨리 분석해서 신속히 결정할 수 있도록 도와주는 일을 하는 사람이나 단체 또는 기관을 말한다.

예를 들어 오프라 윈프리가 자신의 텔레비전쇼에서 소개하는 책은 선풍적인 인기를 끌어 단번에 베스트셀러가 된다. 국내 텔레비전프로의 '책을 읽읍시다' 코너에 소개되었던 책들 또한 거의 예외 없이 베스트셀러 목록에 올랐다. 어떤 영화를 봐야 할지 고민할 때도 멘탯이 해결사 노릇을 해줄 수 있다.

정보가 범람하는 세상에서 각 분야별로 자신에게 꼭 필요한 정보를 선별적으로 제공해주는 멘탯의 역할은 갈수록 커질 것이다. 아마도 10년 뒤에는 여러 가지 유형의 멘탯들이 등장하여 활발하게 활동할 것이다. 오늘날 기업이 필요한 인재를 구하기 위하여 헤드헌터의 정보에 의존하는 것처럼 유비쿼터스 시대에는 자신에게 꼭 필요한 정보를 구하기 위하여 멘탯에게 의존하는 경향이 나타날 것이다.

그러나 주의할 점이 있다. 멘탯이 아무리 신속하고 뛰어난 정보수집과 분석능력을 가지고 있다고 하더라도 도덕적으로도 그만큼 뛰어난 존재인 것은 아니다. 자칫 멘탯이 고의든 아니든 왜곡되거나 잘못된 정보를 제공하기라도 하면 그 피해는 고스란히 정보 소비자에게 전가된다.

앞으로 사람들은 점점 더 많은 정보의 바다에서 허우적거릴 것이다. 그럴수록 그들은 누구에게든 의견을 듣고 싶어할 것이고, 따라서 멘탯의 역할은 더욱 커지고 중요해질 것이다. 많은 사람들이 별다른 생각 없이 멘탯의 의견을 따라가려고 할수록 미래의 유비쿼터스 사회에서 멘탯의 사회적 역할과 책임은 그 권한 못지않게 커질 것이 자명하다.

유비쿼터스의 그림자

지금까지 우리는 거대한 실체의 극히 일부분만을 드러내고 있는 유비쿼터스 신세계로 함께 여행했다. 그 여정에서 문득문득 뇌리를 스치는 생각이 있었을 것이다. 첫째, 이렇게 가다가는 인간이 컴퓨터와 기계의 지배를 받는 세상이 오는 것은 아닐까? 둘째, 지금 이 시간에도 누군가 나를 감시하고 있거나 내 정보를 보고 있는 것은 아닐까? 셋째, 그렇다면 도대체 내 사생활이나 비밀은 어떻게 해야 보장받을 수 있을까? 이제 이들 몇 가지 고민거리에 대하여 생각을 모아보기로 하자.

첫째, 컴퓨터가 인간을 지배하는 세상은 오지 않을 것이다. 유비쿼터스 환경에서 컴퓨터는 별도로 존재하지 않는다. 모든 사물과 환경에 칩이 심어져서 지능화되기 때문에 우리는 특별히 컴퓨터의 존재를 의식할 필요조차 느끼지 못한다. 따라서 인간과 사물과 컴퓨터의 관계를 지배와 종속의 논리로 설명하기보나는 융합과 수통의 관점에서 바라볼 필요가 있다.

아날로그든 디지털이든, 컴퓨터든 유비쿼터스든 그 모든 것은 피조물로서 인간의 삶에서 장구한 시간을 두고 변모되어 선택된 삶의 한 단면이자 방식이다. 디지털 속에도 아날로그가 숨쉬고 있고, U-모바일이 거리를 뒤덮고 있는 세상에도 여전히 컴맹은 존재한다. 누가 더 행복한 삶을 사느냐는 제3자의 처지에서 섣불리 재단할 수 있는 성질의 것이 아니다. 다만 세상의 흐름은 좀더 많은 사람들이 선호하는 삶의 방식에 맞춰 끊임없이 굽이치며 세찬 물결을 일으킬 것이다.

우리는 어떻게든 살아간다. 다만 유비쿼터스를 두려움의 시각으로 바라보면 그것은 거대한 괴물의 모습으로 비칠 것이요, 친밀감을 가지고 바라보면 새로운 기회와 가능성의 모습으로 비칠 것이다. 그 가운데 어떤 모습의 유비쿼터스를 자신의 파트너로 삼을 것이냐에 따라 미래의 삶의 내용이 크게 달라질 뿐이다.

둘째, 지금 이 시간에도 실제로 누군가 나를 감시하고 내 정보를 보고 있을지 모른다. 사실 나도 모르는 사이에 나를 감시하는 카메라의 눈은 24시간 잠도 자지 않고 어디선가 나를 지켜보고 있다. 은행에서 돈을 찾을 때도, 거리를 거닐 때도, 운전할 때도, 우리는 늘 카메라의 시선에서 자유로울 수 없는 세상을 살아가고 있다.

그뿐만이 아니다. 내가 마트에 가서 쇼핑하면 내 정보와 관련한 데이터가 고스란히 기록에 남는다. 언제 어디에서 어떤 상품을 어떤 방법으로 결제했는지 다 알고 있다. 이 데이터를 분석해보면 나의 소비취향에 대해 숨겨진 유형이 드러난다. 소위 '데이터 마이닝(Data Mining)'

을 통해 나의 구매습관이 밝혀지면, 판매자는 평소에 내가 어떤 음식을 좋아하고, 어떤 커피를 선호하며, 어떤 책을 즐겨 읽고, 어떤 취향의 옷을 선호하는지 비교적 정확하게 알 수 있다.

그렇게 되면 나에 관한 축적된 데이터베이스를 근간으로 하여 판매자는 '일대일 마케팅' 차원에서 맞춤식 비즈니스 전략을 세워 나에게 다가올 수 있다. 이렇듯이 나도 모르는 사이에 나에 관한 많은 정보가 누군가의 수중에 들어가 입맛에 맞게 요리될 수 있는 것이 유비쿼터스 사회의 한 단면이기도 하다.

비밀 없는 세상이 온다

유비쿼터스 세상에서 사생활의 보호에는 한계가 있을 것이다. 집에서도, 거리에서도, 자동차 안에서도 우리는 늘 노출되어 있다. 홈 네트워크가 구현되는 가정에서 집 안의 모든 컴퓨터화된 기기들은 다량의 데이터를 만들어 낸다. '비밀 없는 집'에서 냉장고의 스크린에는 지금 냉장고 안에 어떤 식품들이 들어 있고, 유통기한은 언제까

지이며, 그 식품들로 어떤 요리를 만들 수 있고, 요리하는 방법에는 어떤 것들이 있으며, 부족한 재료는 어디서 어떻게 구입할 것인지에 관한 정보가 다 뜬다.

그러한 데이터가 인터넷에 올려지면 누구나 그 데이터에 쉽게 접근할 수 있다. 만일 누군가 고의로 내 홈 서버에 접속하면 그는 내가 집 안에서 하는 일거수일투족을 고스란히 지켜볼 수도 있다. 그러한 끔찍한 일을 막고 집 안을 지키기 위해서라도 반드시 방화벽을 설치해야 한다.

홈 네트워크의 성장 못지않게 인증과 보안 시스템이 강화되어야 한다는 목소리가 끊임없이 나오는 것도 바로 이러한 이유 때문이다.

'비밀 없는 거리'에서는 누구도 무인 카메라의 가시거리에서 벗어나기 어렵다. 도심 곳곳에서 지나가는 행인들은 실시간으로 카메라에 포착될 것이다. 미리 입력해둔 범죄자의 정보와 카메라에 잡힌 사람의 얼굴이 일치하면 곧바로 경보음이 울리고 경찰이 출동하는 시스템이 이미 개발되어 일부 도입되고 있다. 카메라가 눈을 부릅뜨고 지켜보는 미래사회에서 거리 어디를 가도 카메라를 피하기는 어렵게 됐다.

범죄자를 색출하는 것과 같이 아무리 좋은 의도로 쓰인다고 하더라도 어디선가 무인 카메라가 나를 노려보고 있다는 것은 결코 유쾌한 일이 아니다.

유비쿼터스 사회에서 개인의 사생활이란 아예 없다고 해도 지나친 말이 아닐지 모른다. 그와 같은 환경에 적응하기 위해서는 스스로 노력하는 방법 외에 현재로서는 뾰족한 대안이 없다.

'비밀 없는 자동차'에서는 자동차와 관련된 모든 것이 드러나게 되어 있다. 미국의 GM자동차는 앞으로 출고될 모든 자동차에 블랙박스를 장착하기로 결정했다. 그렇게 되면 자동차 사고가 발생하더라도 굳이 목격자를 찾으려고 동분서주할 필요도 없이 블랙박스를 통해 사고에 관한 모든 정보를 얻을 수 있을 것이다. 또한 운전자가 갑자기 정신을 잃거나 위급한 상황에 처하게 되면, 자동차가 자동으로 SOS를 요청하여 신속히 대처할 수 있다.

그러나 다른 한편으로 비밀 없는 자동차의 등장은 개인의 프라이버시 침해와 직결되기도 한다. 2001년 6월 미국의 CNN방송은 렌터카를 빌려 여행한 사람이 위성추적시스템(GPS : Global Positioning System)으로 추적한 렌터카 회사 때문에 벌금을 많이 물게 되자 그 회사를 고발한 사건을 보도한 적이 있다.

그 운전자는 차량에 GPS가 장착되어 있고 규정속도를 위반할 때마다 150달러의 벌금이 부과된다는 약정서 내용을 꼼꼼히 체크하지 않았기 때문에 상당액의 벌금을 물었던 것이다. 다행히 법원은 차를 빌린 사람에게 승소판결을 내렸지만, 이는 비밀 없는 세상에서 '제어받는' 사람은 자신도 모르는 사이에 많은 정보가 '제어하는' 사람에게 흘러 들어갈 수 있음을 시사한다.

앞으로 텔레매틱스는 점점 광범위하게 보급될 것이다. 그럴수록 프라이버시 보호와 관련된 논란은 증폭될 것이다. 이를 두고 『유비쿼터스 : 공유와 감시의 두 얼굴』에서 리처드 헌터는 '공급자가 고객을 감시하는 사회'가 될 수 있음을 경고했다.

결국 유비쿼터스 환경은 유감스럽게도 비밀 없는 세상의 손을 들어주고 있다. 유비쿼터스 환경과 완전히 격리된 생활을 하지 않는 한 개인의 정보와 비밀은 언제든지 노출될 위험을 안고 있다. 비밀이 없는 유비쿼터스 세상에서 개인의 정보를 지켜줄 사람은 오직 자기 자신이다.

그렇기 때문에 역설적으로 수많은 U-모바일에 둘러싸여 살아갈 미래의 삶에서 유비쿼터스가 어떤 그림자를 드리울 것인지 알아보고 나름대로의 식견을 가지고 대비해 나가는 자세가 필요하다.

빅 브라더의 출현

중학교 때 종례시간에 일어난 일이다. 담임선생님의 다음 말씀은 집에 가려고 들썩거리던 우리의 마음을 가라앉히기에 충분했다.

"너희들 중에 누가 수업 분위기를 제일 흐리는지, 자율학습 시간에 누가 가장 많이 떠드는지, 누가 쉬는 시간에 도시락을 까먹는지, 누가 내 욕을 가장 많이 하는지 선생

님은 다 알고 있다. 나는 직접 보지 않아도 너희들의 행동을 꿰뚫어 볼 수 있는 천리안을 가지고 있다. 앞으로 또 그런 일이 반복되면 그때는 가만두지 않겠다. 각자 알아서 행동하도록.”

그리고 며칠 후 성인용 잡지를 들여다보며 아침 자습시간에 키득거리고 깔깔거리던 친구 몇 녀석이 교무실에 줄줄이 불려갔다. 그 ‘사건’ 이후로 우리 반 아이들은 교실에서 일어난 모든 일을 선생님에게 실감나게 중계하는 ‘인간 CC텔레비전’이 어디에서 지켜보고 있는지 찾아내려고 눈을 번뜩거렸다.

보이지 않는 감시의 눈 하나에 전체가 완벽하게 통제되는 시스템은 그렇게 오래전 나의 기억 속에서 씁쓸한 미소를 자아내게 했다. 세월이 흐르고 그때 기억은 차츰 희미해져 갔지만, 사회생활을 하면서 우리는 그보다 훨씬 정밀하게 진화된 각종 감시 카메라에 노출되어 어느새 무감각해진 일상을 살아가고 있다.

수십 년 전에 경험한 인간 CC텔레비전이나, 가는 곳 어디에나 설치되어 있는 감시 카메라의 눈을 떠올릴 때마다 ‘빅 브라더’가 연상되는 이유는 무엇일까?

조지 오웰은 그의 소설 『1984년』에서 사회를 통제하고 감시하는 권력이나 사회체계를 가리켜 빅 브라더라는 말로 표현했다. 빅 브라더의 존재는 아주 가깝게는 국가정보기관이 자행한 불법도청사건이 큰 사회적 파문을 일으키면서 수면 위에 떠오르는 것에서 알 수 있다. 만일 국가권력의 관리자들이 빅 브라더가 되어 대중을 감시하고 통제하는 수단으로 악용한다면, 그것은 엄청난 사회적 재앙이 될 것이다.

빅 브라더의 두 얼굴

빅 브라더의 존재는 권력기관이 주로 정치적인 목적으로 정치인들이나 재벌들을 감시했던 과거와는 달리 정보사회 도래 이후 각종 디지털 기기를 통해 더욱 광범위하고 무차별적으로 전자감시가 이루어지면서 전혀 새로운 국면을 맞이하고 있다.

최근 불거졌던 '개똥녀 사건'에서 알 수 있는 것처럼 이제 우리는 누구나 피감시자임과 동시에 감시자가 되기도 한다. 굳이 고가의 최첨단 장비가 동원될 필요도 없이 평상시 지니고 다니는 휴대용 단말기만으로도 얼마든지 가공할 만한 감시자 역할을 수행할 수 있다.

일단 카메라 렌즈에 포착된 장면은 인터넷의 각종 블로그와 미니 홈피를 통해 삽시간에 만인에게 공개되고, 포털 사이트 게시판에서는 누리꾼들이 여론재판을 열어 당사자에 대한 판결까지 내린다. 이러한 변형된 형태의 빅 브라더는 개인의 프라이버시 보호라는 관점에서 본다면 참으로 끔찍한 인권침해임이 틀림없다.

오늘날 우리는 빅 브라더가 아니라 내 주변의 수많은 '리틀 브라더' 들을 경계해야 하는 상황에 이르게 되었다. 나의 일거수일투족이 누군가에게 언제든지 포착되고 배포될 수 있다는 불안감은 작은 실수 하나라도 잘못 걸리는 날이면 여론의 도마 위에 올려져 혹독한 대가를 치르게 될지도 모른다는 공포감을 낳게 한다. 이러한 불안과 공포가 서로 믿지 못하고 경계와 불신의 장벽을 쌓게 만든다면 모두 불행해지는 사회로 변질되고 말 것이다.

그러나 다른 한편으로 누구나 감시자가 될 수 있다는 것은 잘 활용만 한다면 우리 사회를 위해 좋은 약으로 쓸 수 있다. 인터넷 포털 사이트에 올라온 사진 한 장으로 '부실 도시락' 에 대한 사회적 공감대가 형성되기도 했고, 자칫 베일에 가려질 수도 있었던 문제의 현장이 누리꾼들의 정의로운 제보로 세상에 알려짐으로써 만인의 감시 기능이 우리 사회를 좀더 정의롭고 투명한 사회로 이끌어가는 촉매제의 역할을 할 수도 있다.

유비쿼터스 환경에서는 누구나 감시의 칼을 손에 쥐고 다닌다. 그 감시의 칼이 개인의 프라이버시를 침해하고 사이버 폭력을 휘두르는 흉기로 쓰일 것인지, 개인의 권익을 보호해주고 정의로운 사회를 구현하는 문명의 이기로 쓰일 것인지는 결국 우리 자신이 어떤 선택을 하느냐에 달려 있다.

유비쿼터스와 주체들이 할 일

유비쿼터스 세상을 실현하는 주체들은 누구일까? 유비쿼터스 관련 인프라를 구축하고 기술을 개발하는 연구원, 엔지니어, 프로그래머들일까? 아니면 유비쿼터스 관련 각종 콘텐츠를 제공하고 유통시키는 기업가들일까? 그렇다면 일반인은 가만히 앉아 있으면서 유비쿼터스 기술과 환경을 각자의 생활에 이용만 하면 되는 것일까?

과거의 컴퓨터가 문서를 작성하거나 인터넷에 접속하

기 위한 도구로 사용되었다면, 미래의 컴퓨터는 사람들이 컴퓨터의 존재를 인식하지도 못하는 상황에서 언제 어디서나 동시에 존재하는 자연스런 환경으로 변모할 것이다.

그러므로 유비쿼터스는 어떤 특정한 계층이나 일부 사람들의 전유물일 수 없다. '그들만의 잔치'가 아니라 '우리 모두의 잔치'가 되어야 한다. 유비쿼터스의 주체와 객체가 따로 없고, 우리 모두가 주체라는 인식을 가지고 각자의 역할에 대해 생각해봐야 할 이유가 여기에 있다.

1. 기업

요즘 광고를 보면 유비쿼터스라는 단어가 단골로 등장한다. 기업들은 자기 회사가 유비쿼터스를 선도하는 회사라는 이미지를 심기 위해 말끝마다 유비쿼터스를 외친다. 그러나 말로만 외친다고 해서 유비쿼터스 기업이 되는 것은 아니다.

기업 경영의 장기 목표를 유비쿼터스 사회에 두고 관련 인프라 구축과 기술 개발을 위해 많이 연구하고 투자해야 한다. 또한 유비쿼터스 비즈니스 모델 개발에도 전력투구해야 한다.

유비쿼터스 단말기를 개발하는 기업, RFID칩을 개발하는 기업, IPv6를 개발하는 기업, 유비쿼터스 콘텐츠를 개발하는 기업 그리고 무수히 많은 비즈니스 모델을 보급하고 유통시키는 기업들이 유비쿼터스 환경을 구현하는 중요한 주체로서 유비쿼터스 사회를 이끌어나가는 기관차 구실을 해야 할 것이다.

2. 정부

정부가 할 일은 국가 차원에서 유비쿼터스 사회의 큰 틀을 짜는 것이다. 유비쿼터스의 사회적 기반을 조성하고, 기업들이 유비쿼터스 관련 인프라와 기술개발에 박차를 가할 수 있도록 제도와 법규를 마련하거나 정비하며, 일반인을 대중적으로 교육하고 계몽하는 일을 주도해야 한다.

특히 대기업에 비해 상대적으로 취약한 중소기업들은 유비쿼터스를 도입해야 한다는 필요성과 중요성에 대해서는 공감하면서도 실질적으로 관련 기술이나 시스템을 구축하기에는 매우 열악한 환경에 놓여 있다. 따라서 정부는 다양한 정책적 대안을 제시하여 중소기업들의 유비쿼터스화를 적극 견인할 필요가 있다.

아울러 중소기업의 유비쿼터스 도입 당위성에 대해 정

부 차원에서 적극적으로 홍보하고 교육·훈련 프로그램을 개발하여 이들 기업들이 좀더 적극적이고 자발적으로 유비쿼터스 관련 신기술 개발이나 신제품 개발에 능동적으로 참여할 수 있도록 유인책을 마련하는 것이 반드시 필요하다.

유비쿼터스 사회가 성공적으로 뿌리 내리기 위해서는 민간 경제주체인 기업과 가계가 시장을 선도하지 않으면 안 된다. 특히 미래의 국가경쟁력이 유비쿼터스 구현과 밀접한 관련이 있는 만큼, 정부는 국민의 생활 저변에 유비쿼터스 마인드가 골고루 스며들도록 여건을 조성하고 정책을 개발하는 일을 게을리 해서는 안 된다.

3. 개인

개인 역시 유비쿼터스와 관련하여 선택의 차원이 아니라 필연의 차원에서 접근하려고 해야 한다. 세상의 흐름을 볼 때 도도히 밀려오는 유비쿼터스의 큰 물결을 조금 늦출 수 있을지는 모르나 아예 멈추게 할 수는 없다. 그렇다면 차라리 빨리 알려고 하는 것이 낫다. 유비쿼터스의 실체가 무엇인지 알아야만 개인이 자신의 미래를 위해 지금 무엇을 준비하고 어떻게 행동해야 할지 대비할 수 있기 때문이다.

어쩌면 유비쿼터스의 방관자는 미래의 방관자가 될지도 모른다. 아예 유비쿼터스 세상과 단절하고 살 작정이라면 모를까 이미 시작된 유비쿼터스 세상에서 함께 호흡하며 살아가려면 적극적인 마인드를 가지고 유비쿼터스에 접근하려는 자세가 필요하다.

앞으로 유비쿼터스는 개인의 직업선택과 일의 내용에도 엄청난 변화를 가져올 것이다. 지금 자신이 하는 일의 세계는 유비쿼터스와는 전혀 무관하다고 방어적인 자세로만 일관해서는 안 된다. 좀더 공격적인 마인드를 가지고 유비쿼터스와 자신의 일이 어떤 연관성이 있는지 면밀히 분석해보고, 필요하다면 미리 준비하고 도전하려는 용기가 개인에게 좀더 나은 미래를 약속할 것이다.

유비쿼터스라는 자동차가 아무리 도로를 굴러다녀도 자신이 운전할 줄 모르면 늘 구경꾼이거나 승객으로 남아 있을 수밖에 없다. 유비쿼터스 자동차를 운전할 수 있도록 지금 필요한 것들을 차근차근 준비해두어야 나중에 자신의 환경에 맞는 유비쿼터스 자동차를 자신이 원하는 대로 운전할 수 있다.

더 나아가 유비쿼터스 사회에서 개인은 우리 사회가 인

간 중심의 바람직한 방향으로 이행할 수 있도록 감시와 견제 기능을 하는 시민운동가이자 시민경찰의 역할을 맡아야 한다. 비밀 없는 사회에서 개인의 정보를 쥐고 있는 사람들이 그 정보를 악용하고 있지는 않은지, 유비쿼터스 기술과 서비스가 정치사회적으로 엉뚱하게 활용되고 있지는 않은지 늘 모니터링하고, 필요하다면 네트워크 군대를 결성하여 견제하고 감시하는 역할의 중심에 서야 할 주인공이 바로 우리 자신이기 때문이다.

에필로그

떨어지는 오동잎 한 잎을 보고
천하에 가을이 올 것을 안다

떨어지는 오동잎 한 잎을 보고
천하에 가을이 올 것을 안다

하루하루 어영부영 사는 것은 참 불행한 일이다. 이순신 장군은 목숨이 경각에 달린 전쟁터에서도 하루를 덧없이 흘려보내지 않았다. 그는 하루를 기록함으로써 그날이 역사의 한순간으로 존재했음을 후세에 길이 남길 수 있었다. 이순신 장군의 『난중일기』는 1598년 11월 17일까지 기록되어 있다. 그리고 이틀 후인 11월 19일 그는 노량해전에서 눈앞의 승리를 앞두고 안타깝게 전사한다. 그러나 이순신 장군은 생의 마지막 순간까지 소중한 삶의 편린을 기록으로 남김으로써 역사 속에서 영원히 살아 숨쉬게 만들었다.

이순신 장군은 임진왜란이 일어나기 몇 년 전부터 이미

거북선을 만들고 배를 정비했다. 그는 그저 전장에 나가 용감히 싸우다 패하면 장렬하게 전사하는 것을 최고의 명예로 아는 보통 군인과는 달랐다. 그는 일이 딱 닥쳐서야 어쩔 줄 몰라 하면 이길 확률이 낮다는 것을 누구보다 잘 알고 있었다. 그리하여 남다른 안목으로 해야 할 일을 미리 준비하고 미래를 자신에게 유리하게 만들어나갈 줄 아는 선지자였다.

스스로 미래를 준비하고 만들어나가는 것만큼 확실한 승리는 없다. 그는 왜군과 벌인 전투에서 단 한 번도 패한 적이 없다. 세계 전쟁사 어디를 훑어봐도 이런 엄청난 기록은 없다. 아마 앞으로도 없을 것이다. 삶에 대한 치열함과 미래에 대한 통찰력이 이순신 장군을 지금까지도 민족의 긍지이자 자긍심의 상징으로 살아 숨쉬게 만들었다.

미래는 아직 오지 않은 시간인 것만은 아니다. 어떤 이들에게는 이미 와 있는 시간이다. 그들은 미래가 이미 시작되었음을 알기 때문에 생각과 행동의 틀을 거기에 맞춰서 살아간다. 그들이 발을 디디고 있는 땅은 2006년 현재일지 몰라도, 그들이 숨쉬고 있는 공간은 2010년이고 2015년이다. 그들에게 미래는 피터 드러커의 말처럼 현재 '이미 시작된' 시간인 것이다.

　"오동잎 한 잎이 나무에서 떨어지는 것을 보고 천하에 가을이 올 것임을 알아차린다"는 말이 있듯이, 자고로 세상을 꿰뚫어볼 줄 아는 사람은 자주 일어나는 작은 요동에서도 미래의 혁명적 변화가 올 것을 직감한다. 하물며 지금 오동잎에 서서히 단풍이 들고 있는데, 머지않아 천하에 가을이 올 것을 알아차리지 못한다면 안타깝기 짝이 없는 노릇이다.

　우리는 10년 후 우리 사회의 진정한 모습이 어떨지 아직 확실히 알지 못한다. 그러나 그때까지 기다리고 있을 수만은 없다. 막연하게 걱정하며 떨고만 있을 수도 없다. 일이 딱 닥쳐서 무엇인가 하려고 하면 마음만 부산할 뿐 이루어지는 일이 거의 없다. 어차피 올 세상이라면 미리 맞이할 준비를 하고 남보다 일찍 마중 나가려는 자세가 지금 우리에게는 절실히 필요하다.

　그러려면 먼저 알아야 한다. 그래야 헤매지 않는다. 우리는 지금 이 순간 모두 똑같이 2006년을 살아가고 있다. 그러나 2015년이 되면 10년 사이에 사람들의 운명은 많이 달라져 있을 것이다. '쓰나미(Tsunami)'라고 부르는 지진해일의 징후를 예견하고 대비했던 사람들과 눈앞에 다가올 때까지 그 실체를 몰랐던 사람들의 운명이 극과

극으로 엇갈렸던 것처럼, 이미 시작된 미래인 유비쿼터스 사회의 실체를 미리 보고 준비하는 사람들과 그렇지 못한 사람들의 운명 또한 극적으로 갈릴 것이다.

미래는 늘 미리 준비하는 사람들에게 유리하게 전개된다. 이순신 장군이 살았던 세상이나 모든 사물에 컴퓨터가 심어지는 유비쿼터스 세상이나 형태만 다를 뿐 본질은 항상 똑같다. 자신의 미래를 원하는 모습으로 만들어갈 책임은 자신에게 있다. 미래의 승자와 패자는 이미 자신의 마음속에서 결정되는 것이다.

미래에 확실히 승리하기 위하여 해야 할 일이 있거든 지금 시작하자. 오늘은 그렇게 살아가라고 준 선물이다. 그 하루의 선물을 헛되이 버리지 말자. 오늘 하루 어떻게 살았는지 시간은 미래 어느 시점에선가 반드시 찾아와 책임을 묻는다. 그리고 그 잘잘못을 준엄히 따진다.

아무렇게나 함부로 살아버린 오늘의 결과가 미래의 자신의 삶에 어두운 그림자를 드리우고 만다. 그러므로 이순신 장군이 그랬던 것처럼 혜안을 가지고 오늘 하루를 마치 '생의 마지막 하루'인 것처럼 치열하게 살아가자. 그래야 언젠가 반드시 찾아와 책임을 물을 시간에게 당당하게 대답할 말이 있을 것 아니겠는가.

가나, 『우리들의 유비쿼터스』, 혜지원, 2005.

구본형, 『떠남과 만남』, 생각의나무, 2000.

김사역, 「2010년 정보통신서비스의 미래」(KISDI 이슈리포트), 정보통신정
　　　책연구원, 2004.

리처드 헌터(윤정로 · 최장욱 옮김), 『유비쿼터스 : 공유와 감시의 두 얼굴』,
　　　21세기북스, 2003.

사카무라 겐(최운식 옮김), 『유비쿼터스 컴퓨팅 혁명』, 동방미디어, 2002.

삼성전자연구소, 「유비쿼터스 컴퓨팅 : 비즈니스 모델과 전망」, 삼성경제
　　　연구소, 2003.

서진영, 『한 번 보면 이야기책 두 번 보면 경영학책』, 국일증권경제연구소,
　　　2002.

아라카와 히로키 · 히다카 쇼지(성호철 옮김), 『손에 잡히는 유비쿼터스』,
　　　전자신문사, 2003.

연합뉴스 정보과학부, 『당신은 이제 유티즌』, 연합뉴스, 2004.

오마에 겐이치(안진환 옮김), 『보이지 않는 대륙』, 청림출판, 2001.

정균승, 『내 인생을 최고로 만드는 시간관리 자기관리』, 중앙경제평론사,
　　　2005.

정균승, 『당신의 인생을 낭비하지 마라』, 엔타임, 2005.

정균승, 『유비쿼터스혁명과 프로슈머 마케팅』, 엔타임, 2004.

정보통신부, 『U-센서 네트워크(USN)』, 정보통신부, 2004.

하원규 · 김동환 · 최남희, 『유비쿼터스 IT혁명과 제3공간』, 전자신문사,
　　　2002.

Net Technology Laboratory(임채환 옮김), 『IPv6 : 최신기술해설 입문』,
　　　미래컴, 2000.